Cocina Tradicional Valenciana

Cocina Tradicional Valenciana

Rafael Mármol

CARENA
editors, s.l.

Carena editors, s.l. 2010
Xiva, 21-3º-11ª. 46018 València
e-mail: carena@carenaeditors.com
www.carenaeditors.com

Primera edición: Octubre, 2010
Impreso por: Grafo s.a
ISBN: 978-84-92932-19-1
Depósito legal: BI-2737-2010

Quiero dedicar este libro a María mi mujer.
A mis hijos Rafael, Eva y Ana María.
A mis nietos Nuria, Mónica y Julián.

AGRADECIMIENTOS

A todos los directores de hoteles con los cuales he tenido la oportunidad de compartir responsabilidades, particularmente a Paulino Borrallo, Fernando Molina Casanova, José Blas Sanchoy a Vicente Montes Santo Tomás.

A todos los grandes maestros en mis años de aprendizaje: A Miguel Reina Llorente a Luis Martín Martín, Salvador Robert Girón y Juan Irigoyen.

A todos los segundos jefes, equipos de cocina, repostería, jefes de sala y camareros con lo que he colaborado y compaartido experiencias.

A Lorenzo Millo que llevado por el entusiasmo de su eficaz pluma, experiencia y buen hacer en el mundo literario, me transmitió la vocación de plasmar sobre el papel mi trabajo culinario. A Soler Carnicer, escritor, que me ayudó en mis comienzos como autor de libros de cocina.

A Rafa Mari, Antonio Vergara, Juan Manuel Romero y César García Aparisi, magníficos profesionales de la prensa y radio por su gran amistad.

A Amparo y José Luis, maestros de la imagen.

A todos los que generosamente me han ofrecido sus recetas para este libro:

A Salvador Molina, a Jesús Melero, fabuloso restaurador de Sueca, a Mari Carmen Calabuig, a José Gómez, gran cocinero Alicantino, a Carlos Escoto, excelente restaurador de Gandía, a Encarna Ballester, a Felipe Pastor, a Lupe Atienza, restauradora de Requena, a Salvador Pérez, a Javier e Inma Pérez, a Víctor Vicente Navarro (Granero), a Ginés Ponce maestro encurtidor, a Amparo Blayet, a Fernando Pérez, compañero pastelero, a Miguel García, a Jesús Machí y Tano, repostero de Gandía.

A todos aquellos que siendo aficionados y amantes de la Alquimia Culinaria me han permitido compartir algunas de las recetas de este libro, propias o heredadas de sus lazos familiares:

Remedios Aguilar, madre de mi buen amigo Francisco Alabau, Francisco José Llácer Bueno, Francisco Campillo, recientemente fallecido, Manuela Ferrer, madre de mi buen amigo Jaime, Pepe Tadeo, del Cabanyal, Teresa García, Carmen Ricart, de Segorbe, Pepita Huerta, María Isabel Penedés, Concha Vilar Martínez y Consuelo Sanchis Labradero, vecinas de Aldaia, Dolores Espinosa y Lolita Gilbert.

NOTA DEL AUTOR:

Las recetas de este libro confeccionadas con arroces y cereales han sido elaboradas con productos "*La Campana*". Todas las recetas elaboradas con productos de la Huerta Valenciana provienen de "*Frutas, Verduras y Hortalizas Francisco Alabau*".

* Las recetas de este libro han sido preparadas previamente por el autor, a fin de darles autenticidad en cuanto a medias y peso.

* En los tiempos de cocción hay que tener en cuenta que en la elaboración de las recetas, se han utilizado hornos y fogones actuales.

ÍNDICE

ENSALADAS Y ENTRANTES

VERDURAS

ARROCES

OLLAS Y GUISOS

PASTA

COCAS Y GACHAS

PESCADOS Y ANGUILAS

EMBUTIDOS

CAZA

CARNES

REFRESCOS Y HELADOS

POSTRES Y DULCES

ENSALADAS Y ENTRANTES

ENSALADA DEL PERELLÓ

Ingredientes para 4 personas:

200 gramos de arroz
500 gramos de mejillones
2 ramas de apio blanco
250 gramos de gambas, pequeñas y ya cocidas
2 cebolletas tiernas
1 diente de ajo
1 copitas de vinagre
125 gramos de aceite de oliva
Pimienta
Sal

Elaboración:

En abundante agua, hirviendo y salada, se cuece el arroz durante quince minutos. Se cuecen también los mejillones que lavamos cuidadosamente y ponemos al fuego en una sartén y a medida que las valvas se vayan abriendo por el calor, extraeremos los molusco. Reservaremos algunas valvas con su molusco que nos servirán para completar la decoración del plato. En una fuente honda, se colocan las gambas y los mejillones junto con el arroz, se añaden los tallos de apio cortados en trozos y se mezcla todo. El plato se espolvorea con el perejil picado.

Esta ensalada se condimenta con el siguiente aliño; Se pican las cebolletas y se añade el aceite, la sal, la pimienta y un poco de vinagre, se bate bien con un tenedor para formar una emulsión homogénea y se baña la ensalada. Podemos poner la ensalada en el frigorífico hasta el momento de servirla.

ENSALADA DE PATATAS Y BONITO

Ingredientes para 4 personas:

1 kilo de patatas
250 gramos de bonito en aceite de oliva
1 pimiento verde
2 cebolletas tiernas
Aceite de oliva
Vinagre
Sal

Elaboración:

Se lavan las patatas, enteras con la piel, y se cuecen en agua salada.

Una vez cocidas, se dejan enfriar y, después, se pelan. Se pican, muy finos, el pimiento verde y las cebolletas. Se desmenuza el bonito. Se parten las patatas a trozos, o en rodajas, no muy grandes. Todos los ingredientes se mezclan en un bol y se aliña con el aceite, el vinagre y la sal, al gusto de los comensales.

ENSALADA DEL CAZADOR

Ingredientes para 4 personas:

300 gramos de habas
300 gramos de jamón serrano, en lonchas
250 gramos de espárragos verdes, de monte
4 huevos cocidos
1 manojo de espinacas
1 escarola, blanca
Aceite de oliva, al gusto
1 copita de vinagre, de vino
Pimienta
Sal

Elaboración:

Se cuecen las habas, durante diez minutos, se escurren, se refrescan, se elimina la piel que las envuelve y se reservan. Se cuecen los espárragos y se escurren. Igualmente, se lavan la escarola y las espinacas, eliminando los tallos y se escurren.

En un cuenco se bate el aceite con el vinagre, la sal y la pimienta hasta que queden bien mezclados.

En platos individuales se pone una capa de espinacas, formando otra de escarola y, entre ambas, se intercalan los huevos en cuartos y los espárragos tibios. Las lonchas de jamón se disponen en forma de flor y, en el centro, se colocan las habas peladas que también las mantendremos tibias. La ensalada se sirve acompañada de la emulsión antes obtenida.

ENSALADA "D´ESTIU"

Ingredientes para 4 personas:

800 gramos de patatas cocidas
6 pepinillos en vinagre
500 gramos de pimientos rojos asados y cortados en trozos
1 cuarto de lechuga, cortada fina
2 cebolletas, cortadas en aros finos
1 lata de atún, sobre 50 gramos
Aceite de oliva
Vinagre
10 gramos de pimienta blanca, molida
Sal

Elaboración:

Montar en una fuente un lecho de lechuga, a continuación, disponer sobre el mismo las rodajas de patatas, los pimientos rojos, los aros de cebolleta, los pepinillos a rodajas y el atún desmigado. Batiremos los ingredientes de la salsa (aceite de oliva, vinagre y sal) y con ella condimentaremos la ensalada.

ENSALADA VALENCIANA

Ingredientes para 4 personas:

1 lechuga, bien lavada, escurrida y cortada en trozos
2 tomates valencianos, cortados a gajos
2 cebolletas, cortada en juliana
100 gramos de aceitunas variadas
2 huevos duros, cortado en cuartos
1 lata de atún, alrededor de 50 gramos
Aceite de oliva
Vinagre
Sal

Elaboración:

Montaremos, en una fuente un lecho de lechuga, a continuación disponer, sobre el mismo, la cebolleta, los gajos de tomate, las aceitunas, el atún desmigado y los huevos duros. A continuación bañaremos todos los ingredientes con el aceite de oliva, el vinagre y la sal.

SETAS: ROBELLONES, NÍSCALOS, HONGOS PIMENTEROS...

Elaboración:

Las mejores formas para cocinarlos son la más elementales y sencillas: la parrilla, la sartén al fuego, al horno en lata; con aceite y sal, con ajos y perejil picado, etc. En los recetarios vistos se aconseja, frecuentemente, que los guisos se hagan en vasijas de cerámica. También en latas para horno. Un ejemplo: Una lata, con aceite, puesta a calentar. Cuando el aceite esté muy caliente, le incorporaremos las setas y sobre estas la sal, las iremos removiendo, a fuego moderado, durante unos minutos y, finalmente, esparciremos sobre ellas un picadillo de perejil, ajo y miguitas de pan. Las terminaremos de hacer metiéndolas en el horno y añadiéndoles el aceite que necesiten.

En varios pueblos las hacen con embutidos muy grasosos de cerdo. Preparándoles un buen sofrito de cebolla, sal, y pimienta negra, rehogaremos las setas y le añadiremos el, casi ritual, perejil con ajos. También fritas con perejil picado y ligadas con huevos batidos, son un bocado exquisito.

HUEVOS

Elaboración:

Siempre presentes en la cocina, cuantos apuros han quitado, cuando se presentan visitas imprevistas en nuestras casas, una tortilla de... un par de huevos fritos...

unos huevos duros... unos huevos pasados por agua... También imprescindibles en la repostería. He aquí algunas recetas prácticas y sencillas.

Patatas peladas y cortadas, fritas con o sin cebolla con los huevos batidos, para la clásica tortilla española.

En la cocina valenciana se mezcla con lo que es propio de nuestras huertas: las habas tiernas o las alcachofas, las berenjenas, ligadas con huevos batidos y poco aceite; los huevos revueltos con tomate, con espinacas y queso rallado, con atún en aceite o en escabeche, con calabacín o cebolla, también con patatas o bien tortilla mixta.

Capitulo más rico son los huevos duros y rellenos: con atún en aceite o bonito, recubiertos de mayonesa y las yemas cortadas como lluvia doradas sobre la salsa y los escalfados, dentro de alguna bechamel ilustrada con jamón picado.

También, fritos sobre lecho de alcachofas tiernas y fritas, sobre espárragos también fritos, sobre rebanadas de pan frito con jamón serrano, en cazuelas individuales con guisantes, sobre un lecho de patatas fritas y acompañados con morcilla de cebolla, longanizas o chorizos caseros.

HUEVOS RELLENOS

Ingredientes para 4 personas:

4 huevos	**1 cebolleta, bien picada**
150 gramos de atún en aceite	**Mayonesa**
25 gramos de alcaparras	**Sal**

Elaboración:

Se cuecen los huevos, y se dejan hervir durante doce minutos contados a partir del comienzo de la ebullición.

Se retira la cáscara y se cortan por la mitad. Se desprende, con delicadeza, las yemas.

En un recipiente se ponen las yemas picadas y el atún desmigado. Aparte, se pican la cebolleta y las alcaparras, ligándose el conjunto con algo de mayonesa. Dicha mezcla se distribuye en las medias claras de huevos.

Después de bien rellenos los pondremos en platos individuales o en una fuente. Por encima los mojamos con salsa mayonesa. Se pueden decorar con tiras de pimiento rojo o rodajas de aceitunas rellenas, también con caviar.

CARACOLES A LA ALICANTINA

Ingredientes para 4 personas:

1 kilo de caracoles
200 gramos de cebolla
150 gramos de jamón
200 gramos de tomate, maduro
4 dientes de ajos
1 cucharada de perejil picado
1 hoja de laurel
Unas ramitas de tomillo
1 cucharadita de pimienta blanca
Sal gorda

Elaboración:

Poner a lavar los caracoles en agua con sal gorda, enjuagar varias veces, tienen que quedar bien limpios.

Colocar los caracoles en una olla y calentar a fuego, muy suave, hasta que el caracol saque el cuerpo (eso indicará que están "engañados").

Los escurrimos y volvemos a lavar en agua limpia. Seguidamente ponemos a cocer los caracoles. Una vez cocidos se colocan en una cazuela de barro, se le ponen el aceite, la cebolla picada, los ajos y el perejil también picados. Se rehogan todos estos ingredientes y se añade el jamón cortado en taquitos, el tomate frito triturado, el laurel, el tomillo, la pimienta, la sal y el agua necesaria para cubrir el resto de los ingredientes. Se deja cocer el conjunto durante veinte minutos. Se retiran del fuego y se sirven calientes.

CARACOLES EN SALSA

Ingredientes:

1 kilo de caracoles
500 gramos de tomates, maduros
500 gramos de cebolla
125 gramos de panceta de cerdo
3 dientes de ajo
12 almendras fritas
1 cucharadita de pimentón dulce
Aceite
Sal

Elaboración:

Dejaremos los caracoles durante unos días con un poco de harina a fin de que expulsen todo lo que han comido. Los lavaremos bien y los pondremos en una cazuela, con poca agua, la suficiente para cubrirlos, a fuego lento. Cuando empiece a hervir el agua sacaran su cuerpo eso nos indicará que están bien "engañados." Los lavaremos bien otra vez y los dejaremos escurrir.

Preparamos aparte un sofrito con los tomates y la cebolla muy picados y al final incorporamos la cucharada de pimentón dulce, para que éste no se queme. Seguidamente cortamos el tocino de panceta en daditos y con la guindilla y el agua se pone a hervir junto con el sofrito, hasta que el tocino esté tierno. En ese momento agregamos las almendras (previamente fritas) y los ajos (todo ello triturado). Cuando el conjunto empiece a hervir, incorporamos los caracoles, corregimos de sal y los dejamos en el fuego durante unos ocho minutos más. Conviene vigilar el agua por si fuese necesario añadir más.

CARACOLES EN SALSA PICANTE

Ingredientes para 4 personas:

1 kilo de caracoles
150 gramos de aceite
125 gramos de cebolla
75 gramos de pan rallado
1 guindilla, 1 cucharadita de pimienta blanca
Sal

Elaboración:

Tener los caracoles "en ayuna" durante tres días. Pasado ese tiempo, se lavan en agua con sal gorda se enjuagan varias veces a fin de que queden muy limpios

Colocar los caracoles en una olla y calentar a fuego suave hasta que asomen el cuerpo, eso nos indicará que están bien engañados.

Escurrimos y lavamos, otra vez, en agua limpia y los ponemos a cocer en una cacerola con agua, hasta que la carne de los caracoles esté tierna.

En una cazuela se pone el aceite y en él, cuando esté cliente, se fríe la cebolla bien picada. Cuando esté dorada se añade los caracoles, bien escurridos, y se les da una vuelta con la cebolla para que se impregnen de su gusto. Se machacan los ajos en el mortero, se trocea, muy fina, la guindilla y junto con la pimienta se agregan a los caracoles. Por ultimo, se añade el pan rallado y se cubre todo con agua. Se sazona al gusto. Finalmente, se deja cocer durante veinte minutos y se sirven calientes.

VENTRESCA DE ATÚN CON CARACOLES

Ingredientes para 4 personas:

500 gramos de ventresca de atún
150 gramos de aceite de oliva
2 ñoras
4 docenas de caracoles grandes
500 gramos de patatas
250 gramos de judías verdes
1 guindilla
Azafrán
Sal

Elaboración:

En una cazuela de barro o de hierro se sofríen la cebolla, las patatas y las judías verdes (todas troceadas), junto con las ñoras y la guindilla picada. Se agrega la ventresca de atún cortada a pedazos (se habrá tenido a remojo durante la víspera del guiso) y se sofríe también. Se cubren los ingredientes con agua, y se deja cocer el conjunto durante unos quince minutos, aproximadamente. El tiempo de cocción depende de la calidad del salazón.

Cinco minutos antes de finalizar la cocción se prueba de sal y se rectifica. Se añaden los caracoles, que previamente ya habrán sido "engañados" y cocidos.

MEJILLONES AL VAPOR

Ingredientes para 4 personas:

1 kilo y medio de mejillones
5 ajos crudos
Una cucharada de perejil, picado
1 limón
2 cucharadas de aceite de oliva
1 cucharadita de pimienta negra molida
Medio vaso de agua

Elaboración:

En una cazuela grande con medio vaso de agua, se ponen los mejillones, bien raspados y lavados con anterioridad. Seguidamente se añaden los ajos pelados y cortados, el perejil picado, el zumo de limón, el aceite y la pimienta, todo en crudo. Pondremos la cazuela a fuego moderado, la taparemos y, con una cuchara de madera, la removeremos a menudo para repartir el calor por igual. No hace falta ponerle nada de sal. Se sirven calientes. El caldo está buenísimo.

MEJILLONES AL VINO BLANCO

Ingredientes para 4 personas:

1 kilo y medio de mejillones
Medio litro de vino blanco
100 gramos de nata liquida
3 ajos
2 hojas de laurel
2 yemas de huevo crudo
El zumo de medio limón
1 cucharada de perejil
1 cucharadita de pimienta negra

Elaboración:

Limpiamos los mejillones rascándoles las valvas y lavándolos muy bien. Los pondremos en un recipiente con el vino y un poco de agua, el laurel, el perejil, el ajo y la pimienta, con poco fuego, hasta que se abran. Seguidamente los sacaremos y le quitaremos las valvas que hayan quedado vacías y los volveremos a incorporar al caldo, del que tomaremos un poco para desleír las yemas de huevo, la nata y el perejil picado, añadiendo el zumo de limón hasta obtener la salsa adecuada a nuestro gusto. Colocaremos los mejillones en plato sopero y los rociaremos con la salsa caliente. Se sirven calientes.

ALMEJAS EN SALSA

Receta típica de nuestra costa marinera.

Ingredientes para 4 personas:

1 kilo de almejas	**50 gramos de tomate, rallado**
125 gramos de cebolla, picada	**1 pellizco de pimienta negra molida**
100 gramos de aceite de oliva	**Medio vaso de vino blanco, seco**
15 gramos de harina	**3 dientes de ajo, bien picados**
1 cucharada de perejil, picado	**Sal**

Elaboración:

Se ponen las almejas en agua durante una hora para púrgalas. A una sartén, con el aceite caliente, se le incorporan los ajos y la cebolla. Cuando empiecen a dorase se les añade el tomate rallado, dejándo que sofrían juntos. A continuación se le agregan las almejas lavadas y la harina, que junto con la pimienta molida, el perejil y el vino dejaremos hervir unos minutos. Finalmente, añadimos algo de agua con la sal. Una vez que las almejas se abran las serviremos.

TELLINAS

Ingredientes:

500 gramos de tellinas	**4 dientes de ajo**
250 gramos de cebolla, picada	**400 gramos de tomate, muy picado**
125 gramos de aceite de oliva	**1 guindilla, pequeñaº**

Elaboración:

Las tellinas las pondremos en agua fría con sal durante cuatro horas para que vayan expeliendo la arena. Seguidamente las pasaremos a una cazuela de barro, donde las guisaremos. En una sartén, con el aceite caliente, haremos un sofrito. Pondremos los ajos pelados y picados, luego la cebolla hasta que se trasparente y añadiremos el tomate picado. Hecho el sofrito, lo incorporaremos a la cazuela donde tenemos las tellinas bien limpias, con la guindilla pequeña (optativo) y lo mantendremos al fuego, no demasiado fuerte. Las tellinas irán abriéndose y soltando algo de su jugo. No pondremos nada de sal- las mantendremos en cocción, unos 5 minutos, hasta que el conjunto quede trabado y jugoso.

SALMUERA

Recetas de Ginés Ponce, de Museros.

Elaboración:

Valenciano manjar, entretenimiento estimulante que acompaña comidas, cenas y, no pocas veces, almuerzos matutinos. Salmuera de pimientos verdes, grandes tiernos y crujientes, o de tomates también verdes. Si no os desagrada el picante no dejéis de poner algunas guindillas verdes, grandes y tiernas.

En una tinaja pondremos agua y sal, en proporciones justas, que averiguaremos haciendo la prueba del huevo. Es decir, introduciendo en el agua un huevo fresco con cáscara; si no flota, es que le falta sal; si flota, es que ya tiene bastante. A continuación, iremos introduciendo y mezclando bien, con un cucharón de madera (no debe usarse nunca nada metálico), las verduras mencionadas y las hierbas correspondientes; ajedrea, "pebrella", "piperela" y hojas de limonero. Añadiremos limones cortados en cuartos y una porción de vinagre. A los cuatro o cinco días, cuando el verde de las hortalizas haya tomado una tonalidad dorada, ambarina y vidriosa, ya se pueden comerse.

Conseguir una buena "salmorra" no es cosa fácil, porque la experiencia proporciona la debida pericia. Por otra parte, tampoco es obligado establecer una regla áurea para ello. Para realizar cebollitas en vinagre las despojaremos de sus envolturas y, medio partidas por dos cortes incompletos en cruz, las sumergimos en una tinaja llena de vinagre. El vinagre deberá ser de vino muy tinto, con objeto de que vayan tomando color, particularmente en los labios de las incisiones.

Antes de ponerlas en el vinagre han de ser puesta en un baño con agua y sal durante una hora.

ACEITUNAS MACHACADAS

Elaboración:

Son aquellas aceitunas verdes a las que se quebrantan sus huesos por medio de un golpe seco con una piedra o bien con un martillo de madera. Se mantienen en un lebrillo, durante dos semanas, en agua limpia, que se remueva cada veinticuatro horas más o menos. Esta operación tiene por objeto el que pierdan su amargor. Conseguido este objetivo, se depositan en una orza y deberán quedar sumergidas en agua, sal, ajedrea y "pebrella", hierbas típicamente valencianas para el adobo de aceitunas.

Potestativamente, y según las localidades, también se agregan orégano o hinojo y otras materias como ajos machacados y cortezas de naranjas o limón, aunque Ginés Ponce rechaza estas adiciones.

ACEITUNAS EN SOSA CÁUSTICA

Elaboración:

Veamos un ejemplo, para 10 kilos de aceitunas, se prepararía una solución con 10 litros de agua y 250 gramos de sosa.

La aceitunas deberán permanecer en la solución, debiéndose remover con una cuchara o espátula de madera de forma que toda la superficie de las aceitunas se mojen uniformemente. Las aceitunas tienen tendencia a irse al fondo a excepción de algunas que permanecerán en la superficie. Esto hay que evitarlo para impedir el oscurecimiento de las aceitunas no sumergidas.

El tiempo de permanencia en la solución es variable ya que depende de la variedad de aceitunas, de su calibre, del espesor de la pulpa, etc. En líneas generales deben permanecer sumergidas de 8 a 12 horas seguidas. La duración exacta se puede determinar mediante pruebas a las 8 horas y, eventualmente, repetidas cada 30 minutos para observar el nivel de penetración de la solución en la pulpa.

Una vez terminada la fase de inmersión en la solución de sosa hay que proceder, inmediatamente, a sacar las aceitunas de dicha solución. En este momento el color de la lejía deberá ser oscuro. La separación puede realizarse extrayendo las aceitunas o a la inversa. La única precaución es no tocar las aceitunas con las manos. Acabada la operación, se añadirá agua limpia en una proporción incluso superior al de la solución empleada para el cocido, con el fin de eliminar toda la sosa y los demás compuestos indeseables. Estos lavados deberán repetirse cuantas veces sean necesarias hasta conseguir que el agua de enjuague salga completamente limpia. Este es el momento en que deben catarse las aceitunas.

Una vez endulzadas las aceitunas por este procedimiento de cocción y tras los lavados descritos anteriormente, las aceitunas se pueden conservar en una salmuera (agua y sal común). La preparación de esta salmuera ha de hacerse antes de terminar la fases de lavados para tenerla ya dispuesta cuando incorporemos las aceitunas ya lavadas. Su preparación consistirá en una cantidad de agua, aproximadamente, igual a los dos tercios del peso de las aceitunas y una cantidad de sal común que puede oscilar entre 20 ó 25 gramos por kilo de aceitunas.

La aceitunas ya preparadas pueden envasarse en recipientes de diversos materiales (vidrio, barro cocido...) bien lavados y con tapón bien ajustado, que habrá de almacenarse en sitios frescos y secos.

ACEITUNAS ALIÑADAS

Elaboración:

Endulzado: Para poder consumir las aceitunas es necesario eliminar una gran parte de su amargor y aspereza, debiendo ser lavadas con agua (no dura).

Veamos, a continuación, con más detalles, estas diversas formas de endulzamiento de las aceitunas así como sus aderezos o aliños.

ACEITUNAS DEL CUCLILLO

Elaboración:

Se dejan orear durante unos días hasta que empiezan a arrugarse. En una cesta de mimbre se coloca una capa de ellas y encima otra de sal. Se van alternando capas hasta que se terminen las aceitunas que vamos a preparar. El amargor lo pierden por la cesta de mimbre. Pasado un mes, se lavan, para que pierda la sal, se escurren y quedan aptas para el consumo.

ACEITUNAS NEGRAS DE CUCLILLO EN SALMUERA

Elaboración:

Se ponen la aceitunas en agua limpia, se lavan, se escurren y se depositan en una orzas, en salmuera, procurando que queden sumergidas, agregándole ajedrea y "pebrella", las dos hierbas aromáticas tradicionales en Valencia. No introducir las manos en ellas y, cuando se vayan a consumir, retirarlas de las orzas con un colador o cazo muy limpio.

"SALMORRETA"

Ingredientes:

125 gramos de tomate maduro
3 dientes de ajo
100 gramos de cebolla, rayada
Unas ramitas de perejil
125 gramos de aceite de oliva
25 gramos de vinagre de vino
1 ñora o guindilla
1 guindilla
Sal

Elaboración:

Se asan los tomates y se limpian de piel y semillas, se pelan y trituran y se les añade la cebolla, rayada. En un mortero se majan la ñora o la guindilla, los ajos y el perejil; se incorporan la cebolla rallada y el tomate triturado. Se agrega, poco a poco, el aceite a hilo y , poco después, el vinagre y la pimienta,. Finalmente, ponemos la sal a gusto. La salsa deberá quedar trabada.

Esta salsa es muy conocida en la provincia de Alicante y menos en el resto de la Comunitat Valenciana donde la esencial "ñora" se utiliza poco.

VERDURAS

COCCIÓN DE LAS ALCACHOFAS

Elaboración:

Preparamos un recipiente con dos litros de agua, treinta gramos de harina, sal al gusto, un chorreón de aceite y el zumo de un limón y todo lo batimos a fin de que la harina se disuelva bien.

Pelamos las alcachofas, cortándoles las puntas. Una vez bien peladas se frotan con medios limones y las vamos agregando a la cacerola.

Las ponemos a cocer hasta que las alcachofas estén tiernas.

Nota: Unas vez frías las alcachofas, y en su mismo caldo, las podemos guardar en un bol tapado en el frigorífico y tenerlas reservadas, durante varios días, para su consumo. Incluso podemos consumirlas con mayonesa o con vinagreta. Las alcachofas están peladas de diferente manera, se les ha dejado los tallos y no se les ha cortado las puntas.

ALCACHOFAS AL VINAGRE

Ingredientes para 4 personas:

1 kilo de alcachofas, limpias
5 dientes de ajo
100 gramos de aceite de oliva
1 vaso de agua
Vinagre de vino
Migas de pan
1 cucharada de perejil picado
Pimienta negra
Sal

Elaboración:

Picándo en un mortero, haremos una masa con los ajos pelados, un poco de sal, el perejil picado y las migas de pan, previamente, remojadas en vinagre y lo reservamos.

Abriremos bien y delicadamente las alcachofas, -sin tronchitos, porque han de ir colocadas boca arriba en la cazuela, y con una cucharita iremos rellenándolas con la crema que tenemos reservada en el mortero. Colocada de esta manera, en la cazuela, les añadiremos el aceite, el agua, un poco de sal y la pimienta negra. Cuando hiervan unos diez minutos, aproximadamente, se rectificarán, al gusto, de sal, vinagre y de agua.

El guisado ha de quedar caldosito.

ALCACHOFAS AL LIMÓN

Ingredientes para 4 personas:

750 gramos de alcachofas, cortadas a cuartos
100 gramos de aceite
Un vaso de vino blanco
5 dientes de ajo, pelados
1 cucharada de perejil picado
Un poco de pimienta negra, molida
50 gramos de pan rallado
Zumo de 1 limón
Sal

Elaboración:

Puestos los cuartos de alcachofa, en la cazuela, y sobre ellos el aceite, la sal, el vaso de agua, los ajos picados, el perejil, el zumo de limón y la pimienta negra, se ponen al fuego y se tapan. Cuando la cocción esté ya avanzada, aproximadamente unos diez minutos, se incorpora, sobre ellas, el pan rallado y se mantiene hasta que se terminen de cocer. Tienen que quedar jugosas, pudiéndose rectificar de agua. Las sazonaremos al gusto.

ALCACHOFA A LA CREMA DE LA ABUELA

Ingredientes para 6 personas:

2 kilos de alcachofas
150 gramos de magro de cerdo, cortado en trocitos
30 gramos de harina
1 vasito de vino blanco
750 gramos de agua, aproximadamente
2 huevos crudos
4 dientes de ajo, picados
1 cucharadita de perejil picado
150 gramos de aceite de oliva
Pimienta blanca
Sal

Elaboración:

En una cazuela puesta al fuego y con aceite caliente sofreímos el ajo picado, el magro de cerdo, las alcachofas peladas y cortadas en cuartos y previamente frotadas con el medio limón, la sal y la pimienta.

Todo lo sofreímos bien, ayudados por una cuchara de madera, hasta que el magro y las alcachofas estén dorados.

Le agregamos la harina, el vino blanco y el agua. El agua la iremos añadiendo poco a poco hasta que las alcachofas estén tiernas, teniendo mucho cuidado de que no se coja la salsa.

Una vez que las alcachofas estén tiernas, batimos los huevos, les añadimos el perejil y bañamos las alcachofas. Con una cuchara de madera lo removemos con cuidado para que las alcachofas no se rompan. Lo dejamos cocer hasta que los huevos cuajen.

ALCACHOFAS AL HORNO

Elaboración:

Previamente, las alcachofas deberán de haber sido cocidas en agua hirviendo. Limpias de durezas, y partidas por el medio, con aceite, sal al gusto, un poco de ajo picado y el zumo de limón, las colocaremos, sin escurrir, en una fuente refractaria donde ya habremos puesto vino blanco y algún dado de mantequilla. Aderezaremos cada media alcachofa con un poco de pan rallado, un chorrito de aceite, un poco de perejil picado y un polvillo insignificante, optativo, de pimienta negra. Se ponen en el horno, bien caliente, hasta que se dore el pan rallado.

ALCACHOFAS FRITAS

Elaboración:

Limpias de partes fibrosas y cortadas en rebanadas, son deliciosas simplemente fritas en la sartén con aceite y sal, los cogollos bien dorados y las hojitas acarameladas y crujientes.

ALCACHOFAS RELLENAS DE ATÚN

Ingredientes para 4 personas:

12 piezas de alcachofas	**1 cucharada de vinagre**
1 lata de atún, en aceite	**1 limón**
1 huevo	**Perejil**
1 cucharada de aceite de oliva	**Sal**

Elaboración:

Se limpian las alcachofas de las hojas más duras, se cortan las puntas hasta donde comienza la parte mas tierna de las hojas, se frotan con limón y se cuecen en agua con sal en una cacerola durante 30 minutos. Se escurren.

Se logra una mayonesa con el huevo, el aceite, el vinagre y la sal. Se desmenuza el atún y se mezcla con la mayonesa. Con una cucharilla se rellenan las alcachofas, se bañan con el resto de la salsa y se espolvorean de perejil picado.

PIMIENTOS RELLENOS DE ARROZ

Ingredientes para 4 personas:

4 pimientos rojos	150 gramos de arroz
200 gramos de magro picado	125 gramos de aceite de oliva
200 gramos de tomates	Orégano
150 gramos de cebolla	Sal

Elaboración:

En una sartén, con el aceite caliente, y un poco de orégano se pican la cebolla y el tomate. Cuando esté medio sofrito, se le añade el magro picado y un poco de sal, antes de que quede absorbida el agua que habrá soltado la cebolla. Se incorpora el arroz. Estando todo medio cocido se rellenan los pimientos, dejando unos dos centímetros, de la parte superior, sin llenar. Previamente, los pimientos se abran cortado por la parte del pezón, quitándoseles el corazón y simientes, limpiándolos con agua y dejándolos escurrir. Una vez rellenos se tapan con el pezón, sujetándolo con un palillo. Finalmente, se colocan en una cazuela de barro y se introducen en el horno, durante cuarenta minutos, aproximadamente.

PERICANA

Ingredientes:

4 pimientos rojos	2 "capellans"
2 tomates secos	1 cabeza de ajos
100 gramos de bacalao	1 vaso de aceite de oliva

Elaboración:

Se tuestan los tomates, el bacalao, los ajos y "els capellans", ha ser posible a la brasa.

Los pimientos se sofríen con un poco aceite.

Los ajos se pelan y se cortan a la larga, se desmenuzan los pimientos, el bacalao y "els capellans"

Todo esto, más los tomates, se escalda con un poco de agua hirviendo. Se sirven en una fuente y se adereza con aceite de oliva.

MOJETE ARRIERO

Receta típica de Navarrés.

Ingredientes para 6 personas:

1 kilo de pimientos rojos
1 kilo y medio de tomates, maduros
1 litro de agua
4 cabezas de ajos, asados
4 garbas de ajos tiernos
750 gramos de bacalao, asado
250 gramos de habichuelas blancas, cocidas
200 gramos de aceite de oliva

Elaboración:

Se asan el pimiento, el tomate y los ajos, junto con el bacalao. En una cazuela con un litro de agua se pone todo a cocer (de media a tres cuartos de hora) con el tomate, el pimiento, el bacalao, los ajos tiernos y las habichuelas. Cuando esté cocido, se le añade el aceite y los huevos. Se remueve todo y ya está listo para servir.

"MULLIDOR"

Ingredientes:

300 gramos de tomates
300 gramos de pimientos
300 gramos de berenjenas
250 gramos de atún en salazón, "tonyina"
125 gramos de aceite de oliva
1 cabeza de ajos
Una cucharadita de pimentón
Sal

Elaboración:

Se sofríen el atún, previamente lavado y desalado, y los pimientos. A continuación se agregan los demás ingredientes cortados debidamente y, por último, se colorean con el pimentón y se ponen a gusto de sal.

Al "mullidor" se le pueden agregar otros ingredientes o cambiar algunos de los citados, aunque pimientos y tomates se consideran imprescindibles.

ESPINACAS CON GARBANZOS

Plato típico de los pueblos del interior.

Ingredientes para 4 personas:

12 manojos de espinacas cocidas
350 gramos de garbanzos cocidos
150 gramos de aceite de oliva
3 dientes de ajo, limpios y picados
100 gramos de cebolla, picada fina
Sal

Salmuera (ver pág. 24)

Almejas con Fideos Gordos (ver pág. 105)

Ensalada del Cazador (ver pág. 17)

Ensalada Valenciana (ver pág. 18)

Caracoles (ver pág. 20)

Ensalada del Perelló (ver pág. 16)

Ensalada de Patatas y Bonito (ver pág. 16)

Aceitunas (ver pág. 24)

Queso Blanco Valenciano

Fideuà (ver pág. 103)

Embutidos Típicos Valencianos (ver pág. 158)

Gambas y “Rojos” de la Costa Valenciana

Elaboración:

Ponemos una sartén al fuego con la mitad del aceite y, cuando esté caliente, incorporamos los ajos para, poco después, añadir las espinacas, previamente, cocidas y cortadas con algo de sal. A continuación dejaremos que las espinacas se sofrían, a fuego lento, hasta que estén fritas. En otra sartén con el resto del aceite sofreiremos la cebolla picada y los garbanzos. Cuando todo esté bien sofrito, se mezcla y se rehoga unos minutos. Se rectifica de sal y se sirve.

ESPINACAS CON HUEVOS

Receta típica de la huerta valenciana.

Ingredientes para 4 personas:

1 kilo de espinacas	**8 huevos**
100 gramos de pan, en rebanadas	**150 gramos de aceite de oliva**
4 dientes de ajo	**Vinagre, a gusto**
2 litros de agua	**Sal**

Elaboración:

Ponemos a lavar las espinacas con las hojas enteras dándoles varias pasadas por agua. Una vez limpias, poner al fuego una olla o cacerola con dos litros de agua y algo de sal. Cuando el agua empiece a hervir se le incorporan las espinacas y se dejan cocer hasta que estén tiernas, pero no pasadas. Una vez cocidas, las ponemos a escurrir y las dejamos enfriar.

Ponemos una sartén con el aceite y cuando esté caliente, freímos los ajos enteros, pero un poco machacados. Los sacamos y los reservamos. En el mismo aceite, freímos las rebanadas de pan y también las reservamos. A continuación rehogamos las espinacas con algo de sal. Mientras tanto, en un mortero machacamos los ajos junto con el pan frito, poniendo al gusto, algo de vinagre y un poco de agua hasta conseguir una crema. Freímos las espinacas y una vez fritas, se les incorpora el majado, se rectifica de sal y se deja cocer a fuego lento unos ocho minutos, aproximadamente. En la misma sartén, junto con las espinacas, añadimos los huevos dejándolos pochar. Si viéramos que nos quedan algo espesas deberemos añadir un poco de agua antes de poner los huevos.

PIMIENTOS RELLENOS

Ingredientes para 4 personas:

4 pimientos rojos o verdes, pero de molla gruesa
250 gramos de magro de cerdo, picado
150 gramos de pan rallado
3 huevos
1 cucharada de perejil picado
50 gramos de piñones fritos
Sal
Para el sofrito: 4 dientes de ajo, 150 gramos de cebolla, 150 gramos de tomates (todo picado), 125 gramos de aceite de oliva, sal y un pellizco de pimienta blanca.

Elaboración:

Cortar los pimientos por el pezón y con el corazón sacado y bien limpio de semillas, se rellenan con el magro de cerdo bien picado, los huevos, el pan rallado, el perejil, los piñones y la sal, todo en crudo, igual que hacemos con la masa de las albóndigas.

En una cazuela se colocan los pimientos rellenos, se le incorpora por encima el sofrito y se ponen al horno, a doscientos grados, hasta que el conjunto esté cocido.

TITAINA

Receta de Pepita Huertas, de Valencia.

Ingredientes para 4 personas:

250 gramos de atún ("tonyina de sorra")
250 gramos de pimientos, cortados en tiras
250 gramos de berenjenas
50 gramos de piñones
150 gramos de aceite de oliva
1 cucharadita de pimienta molida negra
1 cucharadita de canela
Sal

Elaboración:

Se desala la "tonyina", se seca con un paño, se corta en pequeños trozos y se reserva.

Se fríen los pimientos y la "tonyina" y se pasan a una cazuela. Aparte, se fríen las berenjenas y parte de los piñones y, una vez fritos, se depositan en la misma cazuela.

En el aceite restante se fríe el tomate, agregándole un poco de azúcar para eliminar su acidez y se une a los demás ingredientes. La cazuela se pone al fuego, y si es preciso se agrega un poco de vino blanco, o agua, pues no ha de resultar excesivamente espesa. Se sazona con la canela, la pimienta negra y la sal, al gusto. Por encima se añade el resto de piñones.

Se sirve en la misma cazuela.

BERENJENAS AL VINO BLANCO

Ingredientes para 4 personas:

1 kilo de berenjenas
4 diente de ajo
150 gramos de cebollas
250 gramos de tomates, maduros
1 vaso de vino blanco seco
250 gramos de aceite
Sal

Elaboración:

Pelaremos las berenjenas y las cortaremos en trozos grandes. Las rebozaremos en harina, dándoles unos golpecitos para que suelten parte de esa harina. A continuación las sofreiremos en una sartén con doscientos cincuenta gramos de aceite, dándoles vueltas con una cuchara de madera para dorarlas por todos lados y las pasaremos sin aceite a una cazuela honda de barro. En el mismo aceite, reduciendo la cantidad a la mitad, sofreiremos los ajos y la cebolla, picados y cuando la cebolla esté trasparente, le añadiremos tomate muy picado y, antes de que esté demasiado frito, lo bañamos con el vino blanco e incorporamos todo a la cazuela, que pondremos al fuego. Pondremos entonces la sal a gusto. Debe hervir unos veinte minutos. Si fuese necesario, añadiríamos un poco de agua. Para evitar que se peguen, las berenjenas del fondo, a causa de la harina, iremos removiéndolas con una cuchara de madera a intervalos de 3 ó 4 minutos.

BERENJENAS AL HORNO CON MAGRO

Receta típica de Cofrentes.

Ingredientes para 4 personas:

2 berenjenas grandes
150 gramos de magro de cerdo
125 gramos de cebollas, picadas
125 gramos de aceite de oliva
Pimienta negra
Sal
Para la bechamel: 500 gramos de leche, 40 gramos de harina, 50 gramos de aceite de oliva, un pellizco de nuez moscada y sal.

Elaboración:

Cortamos las berenjenas, sin pelar, por el medio y longitudinalmente y las reservamos. Vaciaremos, parte de la pulpa, con una cucharita, dejándolas en forma de barquita. En una sartén se fríe la cebolla, el magro picado con la pulpa, algo de sal y un pellizco de pimienta negra, una vez frito se reserva. Para hacer la bechamel pondremos en un cazo los cincuenta gramos de aceite de oliva y la harina agregándole la leche y con la ayuda de un batidor (varilla) haremos la bechamel, que pondremos a punto de sal, añadiéndole un pellizco de nuez moscada. Se rellena las berenjenas con el sofrito, escurrido de aceite, y mezclado con algo de bechamel, reservando el resto para después bañarlas. En una fuente refractaria, se colocan las berenjenas cubiertas de bechamel. Se ponen al horno, a doscientos grados, durante unos veinte minutos y antes de sacarlas se les puede espolvorear con un poco de queso rallado para que gratinen.

HABITAS FRITAS CON MORCILLA

Ingredientes para 4 personas:

1 kilo de habitas tiernas desgranadas
4 morcillas de cebollas
300 gramos de cebolla, picadita
125 gramos de aceite de oliva
Sal

Elaboración:

Quitamos la piel a la morcilla y la picamos. Tendremos al fuego una sartén con aceite donde pondremos la cebolla picadita. Cuando empiece a dorar, le agregamos las habas con algo de sal, y dejaremos que todo se fría lentamente. En otra sartén con poco aceite, freímos las morcillas y, cuando estén en su punto, las mezclaremos con las habas. Para terminar sofreiremos todo el conjunto durante unos cinco minutos, aproximadamente. El plato ya estará listo para servir.

HABAS COCIDAS

Ingredientes para 4 personas:

600 gramos de habas secas
1 guindilla
2 tallos de hierba buena
1 hoja de laurel
Sal

Elaboración:

Se ponen a remojo las habas un día antes. Al día siguiente, se cuecen, en un perol, con la hierba buena, el laurel y la guindilla, cubriéndolas de agua y sal, se dejan que hiervan hasta que estén tiernas. Se toman calientes.

CAZUELA DE HABAS TIERNAS

Ingredientes para 4 personas:

500 gramos de habas tiernas, desgranadas
6 alcachofas tiernas
2 manojo de cebolletas, tiernas
125 gramos de tomates maduros, picados
12 almendras fritas
3 dientes de ajo
30 gramos de pan frito
Unas ramitas de perejil picado
150 gramos de aceite de oliva
Sal

Elaboración:

Se pelan y preparan las cebollas, los tomates y los dientes de ajo. Quitaremos, a las alcachofas, las hojas superfluas, se igualan y se parten a cuartos. Se desgranan las habas y se cuecen durante ocho o diez minutos. En una sartén, por separado, se fríen las rebanadas de pan, que luego se retiran y, en el mismo aceite, freiremos las cebolletas, el ajo y el tomate, por este orden, y que ya tenemos cortado anteriormente.

Se escurren las habas, se depositan en la cazuela y se incorpora, sobre ellas, todo el sofrito con su aceite. A continuación se añaden las alcachofas y se sazonan de sal, al gusto. Seguidamente se agrega un poco de agua y se deja la cazuela a fuego lento. La cocción se calcula en unos treinta minutos, aproximadamente. Mientras, en un mortero, se maja el pan frito, las almendras y el perejil, diluyéndose en un poco de caldo de la cocción y se añade al contenido de la cazuela.

HABAS TIERNAS CON CHIPIRONES

Ingredientes para 4 personas:

1 kilo de habas tiernas peladas
750 gramos de chipirones, pequeños
1 manojo de cebolleta
2 manojos de ajos tiernos
1 vasito de vino blanco
1 ramita de hierba buena
150 gramos de aceite de oliva
Sal

Elaboración:

Limpiar bien los chipirones de la arena que puedan tener, quitarles el cartílago central, los ojos y la boca. Dejarlos escurrir bien. En una cazuela, con el aceite caliente, rehogar la cebolla cortada fina y antes de que se dore añadir las habas, darles una vuelta y tapar la cazuela. Las dejaremos cocer, lentamente unos doce minutos y, a media cocción, las aromatizaremos con la ramita fresca de hierba buena. Añadir los chipirones, volver a tapar la cazuela y dejar cocer durante cinco minutos más. Mientras, picar los ajos tiernos y añadir a las habas. Finalmente, las regamos con el vino blanco, removemos y las dejamos cocer unos cinco minutos más, para finalmente, poner la sal a gusto.

ESTOFADO DE HABAS SECAS

Ingredientes para 6 personas:

500 gramos de habas secas	**2 chorizos**
1 oreja de cerdo	**150 gramos de magro de cerdo**
1 mano de cerdo	**1 trozo de hueso de jamón**
1 rabo de cerdo	**Agua**
2 morcillas	**Sal**

Elaboración:

Pondremos a remojo, en agua, las habas secas, la víspera.

Para cocinarlas las colocaremos en una olla, cubierta con agua e incorporaremos la oreja, la mano, el rabo, el tocino, el magro y el hueso de jamón.

Tendremos el fuego vivo y cuando empiece a hervir reduciremos la intensidad del mismo. En este momento podremos sal, al gusto y, a mitad de cocción, le incorporaremos las morcillas y los chorizos, dejándolas cocer hasta que las habas estén tiernas.

Las serviremos en plato y los demás ingredientes, cortados en trozos, en una fuente.

CAZUELA DEL LABRADOR

Ingredientes para 4 personas:

250 gramos de judías verdes	**2 calabacines pequeños**
4 zanahorias	**200 gramos de tomates, maduros**
150 gramos de patatas	**175 gramos de aceite de oliva**
4 cebolletas	**Pimienta**
4 pimientos	**Sal**

Elaboración:

Se limpian las judías y se parten por la mitad. Las zanahorias y los calabacines se cortan a rodajas y las patatas se pelan y cortan a dados.

Las cebolletas se limpian y cortan en cuatro partes. Los pimientos se parten por la mitad, se les quitan las semillas y los nervios y se cortan a tiras.

Todas las verduras, peladas y cortadas, se lavan y se escurren bien.

Los tomates se pelan, se les quita las semillas y se cortan en trozos.

Pondremos, al fuego, una cazuela de barro con el aceite a calentar, donde doraremos las cebolletas. A continuación se añade el resto de verduras y se pone a gusto de sal y pimienta. Lo dejaremos, a cocer a fuego moderado, durante unos cuarenta minutos aproximadamente.

De vez en cuando se debe remover para evitar que las verduras se peguen al fondo. Finalmente se prueba de sal, al gusto.

COLLEJAS

Ingredientes para 4 personas::

1500 gramos de collejas
5 dientes de ajo
50 gramos de almendras
150 gramos de aceite de oliva
4 huevos
3 rebanadas de pan
5 gramos de cominos
Perejil
Sal

Elaboración:

Se limpian las collejas, quitándoles tronquitos y las hojas amarillas y se lavan. Se pone agua a hervir y cuando empieza la ebullición se incorporan las collejas. Pasados tres minutos se sacan, se escurren y se dejan enfriar.

Seguidamente se fríen en aceite los ajos, las almendras y las rebanadas de pan; Se pasan a un mortero junto con el perejil y el comino. Con todo ello se hace un majado.

A continuación en el mismo aceite se añade las collejas y se sofríen, una vez sofritas se agrega el majado a la sartén y se cubre de agua. Se sazona, al gusto, de sal y se ponen a cocer. Al comenzar a hervir se escalfan los huevos y cuando estos cuajen será el indicativo de que el plato está en su punto y listo para servir.

HERVIDO VALENCIANO ("BOLLIT")

Plato popular en las cenas familiares valencianas.

Ingredientes para 4 personas:

750 gramos de patatas	**Aceite**
100 gramos de cebollas	**Vinagre**
500 gramos de judías verdes	**Sal**

Elaboración:

Se pelan las patatas y cebollas, se le da un corte a las cebollas en los extremos y se limpian las judías verdes y se parte en 2 ó 3 trozos.

En un puchero se pone a calentar el agua. Cuando empiece a hervir se añade un poco de sal, al gusto, las cebollas y las patatas, dejándose cocer a fuego moderado durante unos quince minutos. A continuación se añaden las judías y se prolonga la cocción, a fuego lento, aproximadamente unos cuantos minutos más, hasta que todo este cocido.

Se sirve y se aliña, con aceite de oliva y vinagre, a gusto del comensal.

CARDOS

Elaboración:

Los cardos, tiernos, blancos, nada fibrosos, forman un sector gastronómico poco conocido, con ser y todo una verdura muy agradable. Los cardo son -eran- buenos compañeros del puchero navideño o de las matanzas. También son buenísimos, desde luego, con salsas gustosas, pero aprovechando la terneza que los caracteriza. Deben ser raspados siempre, por tiernos que parezcan, hay que despojarlos de la cubierta fibrosa y fregarlos con limón partido por la mitad.

El secreto del cardo es hervirlo "como Dios manda": Primero se lavan con mucha agua, en la que habremos puesto zumo de limón. Luego, en una olla con suficiente agua y con sal, añadiremos otra taza de agua donde habremos diluido una cucharada de harina. La pondremos al fuego y la mantendremos casi tapada del todo. Cuando levante el hervor, se ponen los cardos a trozos y se deja que hiervan, a fuego moderado. Tardan en cocerse. En ocasiones, bastante más de una hora y media. Ya cocidos, se sacan, se escurren y se guisan, según variadas y valencianas recetas.

CARDOS EN SALSA

Plato típico de algunas comarcas de Castellón.

Ingredientes para 4 personas:

1 cardo blanco tierno
175 gramos de cebollas
175 gramos de tomates rojos, triturados
125 gramos de tocino magro
50 gramos de almendras, crudas
125 gramos de aceite de oliva
3 rebanadas de pan duro
1 cucharadita de pimentón
5 dientes de ajo
Sal

Elaboración:

Elegiremos cardos bien tiernos y los cortaremos en trozos pequeños. En un perol se hace un sofrito con los ajos troceados, el tomate y con la cebolla picada. Cuando esté todo dorado, añadiremos el tocino magro partido en trozos pequeños. Aparte, en una sartén freiremos las rebanadas de pan duro hasta que estén crujientes y las picaremos, en un mortero, junto con las almendras y un poco de sal. Se bañará todo con un poco de aceite y pimentón.

El picado y los cardos, que previamente habremos lavado, se incorporan al perol donde hemos hecho el sofrito, poniendo el agua que sea necesaria para poder cocerlos. Finalmente, se rectifica de sal.

Se puede añadir un chorrito de vinagre.

CARDOS CON NUECES

Ingredientes para 4 personas:

1 cardo blanco tierno
125 gramos de aceite de oliva
150 gramos de cebolla
50 gramos de almendras, peladas
100 gramos de nueces, peladas
125 gramos de tomates maduros, picados
1 cucharadita de pimentón
Unas ramitas de perejil
Sal

Elaboración:

Haremos un ligero sofrito con la cebolla picada, después, el tomate, el pimentón y un poco de sal. Seguidamente lo incorporaremos a la cazuela donde tenemos ya los cardos, previamente hervidos, junto con un poco de agua, del propio hervido.

La pondremos al fuego y cuando empiece a hervir, le añadiremos un majado hecho con las nueces, las almendras y las ramitas de perejil cortadas. Lo rectificaremos de agua y sal, si fuera necesario. Lo tendremos al fuego hasta que vuelva a hervir y observemos que la salsa se ha trabado.

COL LOMBARDA

Ingredientes para 4 personas:

Ingredientes para 4 personas
1 col de unos 600 gramos
1 taza de leche
Nuez moscada
Pimienta negra molida
Harina
Mantequilla
Cacahuetes salados y picados
Queso rallado

Elaboración:

Se corta la col a tiras y se cuece con agua salada y con un poco de pimienta negra.

Aparte, se prepara una bechamel con la mantequilla, la harina y la leche, procurando que resulte bastante espesa. Se adereza a gusto. Seguidamente, untaremos, con mantequilla, una fuente refractaria y colocaremos una capa de col y la bañaremos con parte de la salsa, queso rallado y cacahuetes picados. Pondremos otra capa de col y volveremos a bañarla con parte de la salsa, queso rallado y cacahuetes picados. Finalmente, colocaremos en el horno la fuente, a doscientos treinta grados, durante unos veinte minutos. El plato estará listo para degustar.

HOJAS DE COL RELLENAS

Ingredientes para 4 personas:

8 hojas de col, bastante grandes
125 gramos de cebolla, picada
125 gramos de pechugas de pollo, desmenuzadas
125 gramos de jamón, desmenuzado
250 gramos de tomates, maduros
150 gramos de aceite de oliva
100 gramos de pan rallado
1 cucharadita de cominos
Pimienta negra
Un poco de puré
Unas ramitas de perejil
Sal

Elaboración:

Escaldaremos las hojas de col en agua hirviendo, con un poco de sal y las dejaremos escurrir. Seguidamente en una sartén sofreiremos la cebolla hasta que se dore. A continuación incorporaremos el pollo, el jamón, el perejil picado, los cominos machacados, el pan rallado y el tomate picado, lo sofreiremos todo y añadiremos una tacita de agua hirviendo. Se deja cocer alrededor de unos doce minutos y se adereza a gusto. Este relleno lo repartiremos sobre las hojas de col, que enrollaremos, sobre si mismas, para colocarlas en una fuente refractaria y colocarlas en el horno a ciento ochenta grados. Hay que tapar la fuente durante la cocción. Serviremos los rellenos de col presentándolos sobre un lecho de puré de tomate.

COLIFLOR GRATINADA AL HORNO

Ingredientes para 4 personas:

1 coliflor grande, aproximadamente de 1 kilo	3 huevos y sus 3 yemas
100 gramos de harina	30 gramos de mantequilla
500 gramos de leche	100 gramos de aceite de oliva
	Sal

Elaboración:

Le quitamos el tronco a la coliflor, se separan los ramitos y se lavan.

Una vez limpios, se ponen a cocer en agua hirviendo y sal procurando que no se pase en su cocción pues deberemos sacarla cuando todavía esté dura. Se saca la coliflor, se escurre bien, se pone una sartén con el aceite caliente y se dora.

En un cazo se derrite la mantequilla e incorporándole la harina, se remueve para deshacer los grumos. Le iremos añadiendo, poco a poco, la leche hirviendo y un poco de sal. Cuando la bechamel rompa a hervir, se retira del fuego y se le incorporan, una a una, las yemas. Finalmente, en una cazuela de barro, untada con aceite, se pone la coliflor dorada y se bañan con la bechamel. Llevamos la cazuela al horno, a doscientos veinte grados, y se deja allí hasta que gratine.

Se le puede añadir un poco de queso rallado por encima.

MENESTRA DE VERDURAS

Receta típica de la huerta valenciana.

Ingredientes:

4 alcachofas	1 cebollita
200 gramos de habas, desgranadas	Una zanahoria
200 gramos de guisantes	Un tazón de caldo
150 gramos de judías verdes	Un vasito de vino blanco
250 gramos de patatitas	2 huevo cocidos
100 gramos de tocino magro	Harina
125 gramos de ternera, cortada a dados	El zumo de un limón
	Sal

Elaboración:

Pondremos las alcachofas a cocer cortadas en cuatro partes. Cuando el agua esté hirviendo, añadiremos el zumo de limón para que no se hagan negras. Cuando estén cocidas, las dejaremos escurrir. En agua nueva pondremos a cocer las habas, los guisantes y las judías verdes y cuando estén a medio cocer, añadiremos las patatitas troceadas.

En una sartén sofreiremos el tocino y en seguida la carne, lo reservamos. En la misma sartén sofreiremos la cebolla y la zanahoria, ambas muy troceadas. A continuación añadiremos la harina que doraremos un poco y pondremos el vino, dejándolo cocer durante unos minutos. Añadiremos el caldo y, mezclándolo todo, lo pasaremos por un colador o pasapurés y lo incorporaremos a la cazuela, donde habremos colocado la carne, el tocino y las verduras. Finalmente, lo dejaremos cocer durante unos diez minutos y lo serviremos con el huevo duro, picado, por encima.

PISTO

Ingredientes para 4 personas:

400 gramos de calabacín
400 gramos de berenjenas
500 gramos de cebollas
400 gramos de pimientos verdes
1 kilo de tomates, maduros
150 gramos de aceite de oliva
Sal

Elaboración:

Los tomates los escaldaremos, en agua hirviendo, los pelaremos y cortaremos a pedazos. Se pelan los calabacines y se cortan a cuadritos, lo mismo haremos con las berenjenas. Los pimientos se trocearan, quitándoles las semillas.

En una cazuela de barro, con el aceite caliente, se sofríe la cebolla picada gruesa hasta que se dore. A continuación se añaden los pimientos, los tomates, los calabacines y las berenjenas. Todo lo deberemos rehogar muy bien. Se pone a punto de sal y se dejan cocer, a fuego lento, durante unos 12 minutos aproximadamente.

PATATAS CON PIMIENTOS Y PANCETA

Receta típica de los pueblos del interior.

Ingredientes para 4 personas::

1 kilo y 250 gramos de patatas
125 gramos de panceta de cerdo
150 gramos de pimientos, verdes
250 gramos de aceite de olivas
Sal

Elaboración:

Cortamos la panceta en trozos finos, también el pimiento y los reservamos. Pelamos las patatas y las cortamos en rodajas no muy gordas, las lavamos y las escurrimos. Ponemos una sartén al fuego, con abundante aceite, y una vez caliente incorporamos la panceta, los pimientos y las patatas con algo de sal, lo dejamos freír, dándole vueltas, para que se cuezan de manera uniforme. Finalmente, le escurrimos el aceite y ya están listas para comer.

PATATAS EN CALDO CON BACALAO

Receta típica de Bunyol.

Ingredientes para 4 personas:

400 gramos de bacalao	**1 cucharada de pimentón**
100 gramos de cebolla	**Un picado de almendras, ajos asados y perejil**
2 pimientos	**4 huevos**
175 gramos aceite de oliva	**Sal**
1200 gramos de patatas	

Elaboración:

En una sartén, con el aceite caliente, ponemos los pimientos, dándoles una vuelta a fin de que les salte la piel. Se sacan y se reservan, tapados. El bacalao (que habrá estado en remojo desde la noche anterior) se lava, se escurre y se fríe hasta que esté dorado y se reserva. En una sartén se pone a freír la cebolla, cortada fina a medias lunas, hasta que esté blanda pero sin que llegue a tomar color. Se añade las patatas cortadas finas y se remueve todo el guiso durante unos minutos. A continuación se le agrega el pimentón y se cubre con agua caliente. Encima se colocan el bacalao y los pimientos pelados, cortados en tiras. Cuando las patatas estén casi cocidas se rectifica de sal y se añade el picadillo (almendras, ajos asados y el perejil). Finalmente, antes de sacar la sartén del fuego, se deja caer sobre las patatas un huevo por persona y, una vez que los huevos cuajen, se sirve.

SETAS CON TOMATE

Receta típica de Viver.

Ingredientes para 4 personas::

1 kilo de setas	**150 gramos de tomates, fritos**
125 gramos de panceta	**2 huevos**
4 dientes de ajo	**Un poco de perejil**
1 guindilla	**Sal**
125 gramos de aceite de oliva	

Elaboración:

Limpiamos y lavamos bien las setas, a continuación se escurren bien y, las grandes, las cortamos por la mitad. En una sartén, puesta al fuego, se pone el aceite con los ajos cortados por la mitad. Cuando empiecen a dorarse, agregamos la panceta, cortada en dados, la guindilla y las setas; rehogaremos todo hasta que reduzca el agua que sueltan las setas. Después, añadiremos el tomate frito, lo salaremos al gusto, y lo dejaremos cocer unos diez minutos. A continuación agregaremos los huevos, que batiremos, mezclándolos con el conjunto hasta que cuajen. Antes de servir, les espolvoreamos el perejil picado.

SETAS ESCABECHADAS

Receta típica de los pueblos del interior.

Ingredientes para 4 personas:

1 kilo y doscientos gramos de setas de cardo
2 hojas de laurel
50 gramos de vinagre de vino
125 gramos de aceite de oliva
8 dientes de ajo
Sal

Elaboración:

Limpiamos las setas y las lavamos, a continuación, las cortamos en trozos grandes, las escurrimos muy bien y las reservamos. En una sartén, con el aceite caliente, ponemos los ajos y cuando éstos estén casi fritos, se le añaden las setas con el laurel. Las sofreímos un poco, agregándole el vinagre y la sal, al gusto.

ACELGAS CON PATATAS

Receta típica de la huerta valenciana.

Ingredientes para 4 personas:

3 manojos de acelgas
1 kilo de patatas
3 dientes de ajo
150 gramos de aceite de oliva
Sal

Elaboración:

Cortamos las acelgas y las lavamos en abundante agua.

Pondremos a calentar, en una olla, un poco de agua, con algo de sal. Cuando empiece a hervir se le agregan las acelgas escurridas, se dejan cocer, hasta que estén tiernas.

Mientras tanto en una sartén puesta al fuego y con el aceite caliente, se le incorporan las patatas sazonadas y que, previamente, tenemos cortada en gajos no muy grades y se fríen lentamente. Una vez fritas se apartan y se reservan. En el mismo aceite incorporamos las acelgas escurridas y las rehogamos. Finalmente, mezclamos las patatas con las acelgas, y sofreímos todo el conjunto durante unos 8 minutos, aproximadamente. El plato está listo para servir.

ARROCES

PAELLA VALENCIANA CLÁSICA

Ingredientes para 4 personas:

1 kilo de pollo, cortado a trocitos
500 gramos de conejo, cortado a trocitos
400 gramos de arroz
150 gramos de judías verdes anchas
125 garrofón
125 gramos de tomate pelado y triturado
200 gramos de aceite de oliva
Azafrán, en rama
1 cucharada de pimentón
1 litro y medio de agua
Sal

Elaboración:

Poner al fuego, de llamas, la paellera con el aceite. Cuando el aceite esté caliente agregar el pollo y el conejo correctamente troceado, y que previamente habremos sazonado. Se revuelven hasta que estén dorados, momento en que se añadirán las judías verdes y el tomate; se le dan algunas vueltas hasta que esté bien sofrito el conjunto. Se incorpora el pimentón y se añade el litro de agua (que se tendrá a mano, para que el pimentón no se queme); se añaden el garrafón, las judías verdes anchas y el azafrán en rama. A fuego de llama viva se deja hervir hasta que todo esté cocido; es el momento de echar el arroz, añadiendo antes el agua que haya perdido por el hervor, se prueba de sal; la cocción prosigue durante 10 minutos y a fuego más rebajado unos 8 minutos.

Ya seco, se deja reposar unos minutos retirándole toda la llama y leña encendida, de esta manera la capa inferior, formará el delicioso "socarrat".

PAELLA

Receta de Vicente Beta, Alquería de Vicente (El Puig de Santa María).

Ingredientes para 4 personas:

1 pollo mediano cortado a trozos
400 gramos de arroz
200 gramos de aceite de oliva
2 tomates maduros
150 gramos de judías tiernas
125 gramos de garrafón.
12 caracoles de monte, purgados y limpios
1 cucharada de pimentón
1 litro y medio de agua
Sal

Elaboración:

Se pone la paellera al fuego con el aceite y cuando esté muy caliente, se añade la carne del pollo. Se sofríe hasta que quede dorada.

Se incorpora el tomate, bien picado. Se sofríen, a fuego bajo, por espacio de ocho o diez minutos; se sazona ligeramente con sal. Cuando el sofrito ya esté casi terminado, se incorporará el pimentón, que se mezcla con los demás ingredientes, sofriéndolo también, procurando que no se queme.

Se añade el agua hasta que alcance, aproximadamente, los bordes del remache de las asas de la paellera. La cocción en esta agua de la carne dependerá de la consistencia de la misma, pudiendo calcularse entre veinticinco y treinta minutos, si el pollo es de corral.

Diez minutos antes de lo que se calcule para la cocción de la carne se agregarán las verduras (judías y garrafón), para que queden al denté. Si el garrafón no fuera tierno se pondrían en remojo el día anterior cociéndolo en agua con sal. También es el momento de agregar el arroz y los caracoles. Se añade agua caliente, para reponer la que se haya evaporado y se dejara que la ebullición continúe durante tres o cuatro minutos, para que el agua incorporada quede convenientemente mezclada con la primera. Se incorporan las hebras de azafrán, se rectifica de sal y la ebullición continuará cinco minutos más.

Cuando la paella esté a pleno hervor se echara el arroz, que se distribuye por todo el recipiente de forma igualada. Deberá cocer cinco o seis minutos a fuego vivo y después, 12/15 minutos, se irá rebajando paulatinamente.

Terminada la cocción, el arroz debe quedar seco y prácticamente suelto.

PAELLA AL ESTILO DE SUECA

Receta de Jesús Melero, de Sueca.

Ingredientes para 4 personas:

400 gramos de arroz
400 gramos de pollo, cortado a trocitos
300 gramos de conejo, cortado a trocitos
300 gramos de pato, cortado a trocitos
150 de garrafón
150 gramos de tabella (vainas)
200 gramos de ferraura
4 alcachofas
1 pimiento verde, limpio y cortado (optativo)
125 gramos de tomate picado
2 dientes de ajos pelados y picados
175 gramos de aceite de oliva
1 cucharada de pimentón
3 litros de agua
Azafrán, en hebra
Sal

Elaboración:

Poner el aceite en la paellera y sofreír el pollo, el conejo, y el pato que hemos cortado en trozos regulares y sazonados. Una vez sofrita la carne, añadir las verduras limpias y cortadas dándole también un sofrito. Añadir entonces el ajo, el tomate y el pimentón. Seguidamente poner tres litros de agua y dejar cocer durante quince minutos aproximadamente. Poner las hebras de azafrán y repartír el arroz y rectificar de sal. Dejar cocer a fuego vivo durante ocho minutos y a fuego lento durante ocho minutos más, hasta que coja el punto de "socarrat".

PAELLA DE BACALAO Y CEBOLLA

Propia de tiempos de abstinencia (Cuaresma y Semana Santa) y de baratura en economía, se vuelve casi prohibitiva si se elabora con bacalao inglés. Receta de Francisco José Llacer Bueno, de Algemesí.

Ingredientes para 8 personas:

1 kilo de arroz Bomba
300 gramos de aceite de oliva
1 kilo de bacalao, en salazón
3 kilos de cebolla
500 gramos de tomates maduros
Pimentón
Azafrán o colorante alimentario

Elaboración:

En una paellera ponemos el aceite y, a fuego mediano, se sofríen las cebollas trinchadas. Al dorarse se añade el bacalao, desalado desde el día anterior, escurrido totalmente y desmenuzado en migas. Cuando esté rehogado el bacalao se incorpora el tomate troceado. Sofrito el tomate, se baja el fuego y se sofríe levemente el arroz, procurando que se rehogue todo. Se sofríe el pimentón, sin que llegue a quemarse, y se añade agua caliente, la justa para que se cueza el arroz sin que se pase ni que se quede duro; a los cinco minutos de hervor se prueba de sal, pues el bacalao, a pesar de estar desalado, siempre conserva sal. Se iguala de sal. Tras los diez primeros minutos a fuego fuerte y ocho minutos a reducido se apaga el fuego y se deja reposar 7 u 8 minutos. Siempre suele quedarse meloso por la acción de la cebolla.

PAELLA MIXTA ALICANTINA

Ingredientes para 4 personas:

400 gramos de arroz
1 kilo de pollo cortado a trocitos
250 gramos de magro de cerdo, cortado en dados
125 gramos de pimientos verdes, cortados en tiras
125 gramos de tomates maduros
200 gramos de atún fresco, troceado
1 calamar, no muy grande
4 cigalas y 4 gambas
175 gramos de aceite de oliva
1 litro y medio de agua
6 dientes de ajo
2 ñoras

Elaboración:

Se sofríen las ñoras y los ajos, con las tiras o trozos de pimientos en la paellera y los reservamos. Se sofríe la carne, sazonada previamente, y se pasa a una olla donde deberá cocer, con el litro y medio de agua con un poco de sal. En el aceite, de la paellera, freímos el calamar cortado en rodaja, el atún y el tomate. Por separado majamos las ñoras con los ajos y se incorpora al sofrito.

Seguidamente se añade el arroz al mencionado sofrito, y después de darle una rápida vuelta se incorpora la carne con su caldo de cocción. Durante diez minutos cocerá a fuego vivo; después se irá reduciendo gradualmente hasta completar dieciocho minutos de cocción o lo que el punto de grano nos aconseje. Los mariscos y los pimientos deberán agregarse a media cocción. Se rectifica de sal. Deberemos dejarlo en reposo durante unos minutos.

ARROZ DE BOGAVANTE CON GAMBAS

Ingredientes para 4 personas:

400 gramos de arroz
2 piezas de bogavante, procurar que no sea pequeño
300 gramos de colas de gambas
150 gramos de aceite de oliva
1 litro y medio de fondo de pescado
175 gramos de aceite de oliva (para el arroz)

Para el fondo del pescado
1500 gramos de morralla, 2 cabezas de ajos, 6 ñoras grandes, 1 sobre de azafrán, 1500 gramos tomate natural picado y aproximadamente 2 litros de agua para hervir.

Elaboración:

Para el fondo del pescado, se toman los ajos y el tomate picado y se fríen. Se añade el azafrán y se ponen en un recipiente con el agua indicada hirviendo. También se fríen las ñoras (es importante que esperemos hasta que nos den su sabor) y se agregan. A su vez, se pone el pescado y se deja hervir durante veinte minutos, trascurridos estos, ya tenemos preparado el fondo de pescado, lo pasamos por un colador y lo reservamos.

Preparativos para el arroz

Debemos partir el bogavante. Generalmente partido por la mitad bien el canal o horizontalmente. También tenemos preparado el fondo de pescado, hecho caldo, que previamente hemos reservado. El cual hemos obtenido pasándolo a través de un colador.

Empezamos el arroz

En una paellera se sofríen con el aceite los bogavantes, junto con las colas de gambas peladas. Una vez sofrito, agregamos el arroz, lo mezclamos todo bien y añadimos caliente el caldo de pescado obtenido, dejándolo a fuego fuerte durante 10 minutos. Se comprueba la sal y se deja cocer durante ocho minutos más a fuego lento.

PAELLA DE BOQUERONES

Ingredientes para 4 personas:

- 1 kilo de boquerones grandes, limpios de su raspa
- 400 gramos de arroz
- 6 alcachofas cortadas en trozo. Las deberemos poner en agua con limón para que no se pongan negras
- 1 manojo de ajetes tiernos cortados
- 125 gramos de pimientos verdes, cortados en trozos grandes
- 125 gramos de guisantes
- 125 gramos de tomates maduros, pelados y picados
- 125 gramos de habas tiernas peladas
- 175 gramos de aceite de oliva
- 1 litro y cuarto de agua
- Azafrán
- Sal

Elaboración:

Se fríen, en la paellera, las alcachofas y se reservan. Se empiezan a sofreír los ajos tiernos, el pimiento, el tomate y el resto de las verduras. Se agregan el agua y la sal y se deja hervir unos catorce minutos, aproximadamente.

Se añade el arroz, dejándolo a fuego fuerte durante diez minutos y cuando el caldo esté a medio consumir esparcimos los boquerones sobre el arroz, se comprueba de sal y se deja cocer ocho minutos a fuego lento, finalizado, se agregan las alcachofas fritas.

ARROZ DE LANGOSTA

Ingredientes para 4 personas:

- 400 gramos de arroz
- 1 kilo de morralla, procurar que lleve cabeza de rape
- 1 langosta de 1200 gramos, aproximadamente
- 4 dientes de ajos
- 2 ñoras grandes

125 gramos de tomate maduro pelado y picado
175 gramos de aceite de oliva
Azafrán
Sal

Elaboración:

En una olla se coloca, para obtener el caldo, la morralla de pescado con los dos litros de agua, dejando hervir durante unos treinta minutos. Y se cuela.

Mientras tanto colocamos, una paellera al fuego, el aceite y echamos las ñoras y los ajos hasta que se doren. Acto seguido añadimos el tomate picado hasta que esté frito.

A continuación se trocea la langosta en varios trozos y se añade a la paellera con algo de sal. Con mucho cuidado se mueve un poco procurando que no se rompa.

Separamos las ñoras y los ajos y añadimos un litro y medio de caldo del pescado. Lo cocemos durante unos minutos. Mientras tanto, en un montero se machaca el azafrán, las ñoras con los ajos y lo disolvemos con un poco de caldo, a la vez que rectificamos de sal. Se añade esta picada junto con el arroz y lo cocemos durante diez minutos a fuego fuerte y otros ocho minutos a fuego moderado. Reposar unos minutos y servir.

PAELLA DE ATÚN CON GAMBAS

Ingredientes para 4 personas:

400 gramos de arroz
500 gramos de atún
1 litro y medio de caldo de pescado, hecho con un kilo de morralla
250 gramos de gambas peladas
8 gambas rojas grandes
175 gramos de aceite de oliva
125 gramos de tomate pelado y picado fino
2 ñoras
4 dientes de ajos picados
Azafrán
Sal

Elaboración:

En una paellera se pone el aceite, se corta el atún en taquitos pequeños y se sazona con sal. Cuando el aceite esté caliente se añade las ñoras y, después, las gambas enteras. Reservamos las ñoras para, posteriormente picarlas con el azafrán. Una vez sofrito se reserva. A continuación sofreímos los ajos con las gambas peladas y el tomate picado. Se añade el arroz y se rehoga un poco. Después añadir el caldo de pescado, bien caliente y las ñoras picadas con el azafrán. Dejar cocer diez minutos a fuego fuerte y ocho a fuego moderado. Dejar reposar unos minutos y servir.

PAELLA DE "FETGE DE BOU"

De Mari Carmen Calabuig, de Alboraia.

Ingredientes para 8 personas:

1 kilo de arroz
1 kilo de hígado de toro
750 gramos de "lleterola"
250 gramos de corazón de toro
200 gramos de garbanzos, previamente cocidos
175 gramos de aceite de oliva
6 dientes de ajos
2 escarolas
100 gramos de tomate rallado
1 guindilla
Una cucharada de pimentón
Azafrán
Sal

Elaboración:

En una paellera, puesta al fuego, y con el aceite caliente, se fríen los ajos, dándoles un pequeño corte en el centro, junto con la guindilla y una vez fritos se tiran. En el mismo aceite se fríe bien la carne, previamente sazonada, una vez frita se le incorpora la escarola cortada y bien limpia, se rehoga un poco y se le añade el pimentón y los tres litros de agua. Se deja cocer unos cuarenta minutos, rectificando el agua que se haya evaporado.

Una vez cocido el conjunto se le incorporan los garbanzos y cuando empiece a hervir se le añade el arroz. Se deja cocer hasta que esté a punto y se rectifica, a gusto, de sal. Este arroz se debe dejar algo meloso.

PAELLA DE ESPINACAS CON CEBOLLA Y ATÚN

Ingredientes para 4 personas:

400 gramos de arroz
8 manojos de espinacas
125 gramos de cebolla
150 gramos de atún en aceite
100 gramos de tomate picado
150 gramos de aceite de oliva
1 litro y medio de agua
Pimentón dulce
Azafrán
Sal

Elaboración:

Lavar las espinacas y trocearlas, picar la cebolla.

Poner la paellera con el aceite y freír lentamente la cebolla, añadir el pimentón y el tomate, rehogar todo un poco y añadir las espinacas. Mover todo y añadir el litro y medio de agua, cuando empiece a cocer incorporar el arroz. Dejarlo hervir durante dieciocho minutos, a fuego moderado.

Cuando empiece a secarse poner el atún desmigándolo y repartiéndolo por toda la paellera. Por último dejar reposar unos minutos.

ARROZ A LA ALCIREÑA

Receta inmortal.

Elaboración:

Es un arroz horneado, que se confecciona, calculado para seis personas, de la manera siguiente:

Ponemos al fuego una olla con tres litros de agua y cuando empiece a hervir le incorporamos doscientos cincuenta gramos de garbanzos, (previamente remojados durante ocho o diez horas), una mano de cerdo cortada en ocho pedazos, una oreja de cerdo cortada en otros ocho pedazos, 200 gramos de tocino cortado en pedazos regulares, una butifarra de cebolla y dos butifarras blancas, éstas enteras. Empezar la cocción lentamente pero sin interrupción; añadir cuatro chirivías y tres nabos (todos mondados y cortados en rodajas un tanto gruesas), un poco de apio, una cebolla trinchada y sal, debiendo seguir en el fuego hasta que todo quede convenientemente cocido. Mientras tanto, prepararemos dos o tres bolas de carne que añadiremos cuando todos elementos queden algo más que medio cocidos. Estas bolas de carne se forman trinchándolas lo más finamente posible: doscientos gramos de carne magra de cerdo y unos sesenta gramos de tocino salado, trinchado también. Terminado el trinchado se coloca la carne en un recipiente y se mezcla con la sangre, líquida, de un pollo y antes de cuajarse se bate con unas gotas de vinagre, cuatro cucharadas soperas de migas de pan blanco rallado, dos o tres huevos duros, sal, pimienta blanca en polvo, ajos, perejil picado y un poco de canela en polvo. Se empasta toda la anterior preparación, que debe quedar bien espesa y trabada; se forman unas tres bolas con la ayuda de la harina y añadiéndolas al cocido una vez que estén modeladas; añadimos en el cocido un poco de azafrán, retiramos los embutidos y dejamos el resto cocer lentamente hasta que todo quede tierno. Por último, puede marease el arroz en una cazuela amplia de barro o de hierro, o en una paellera valenciana. Pondremos una cazuela o paellera sobre el fuego con regular cantidad, aunque nunca escasa, de aceite y manteca de cerdo en partes iguales. Se empieza por freír tres o cuatro ajos bien picados y antes de que tomen color se añaden cuatrocientos gramos de arroz. Se sofríe bien, moviéndolo continuamente con la paleta y, acto seguido, se baña con el caldo y el resto de los ingredientes. Retiramos las bolas de carne. Calcular antes el caldo. Añadir (por si acaso) algo más del doble caldo que volumen de arroz en crudo. Su cocción deberá ser rápida, moviéndose con la paleta. Se rectifica de sal y se tapa, poniéndose a cocer. Pasados tres minutos de cocción se reparten por encima del arroz las bolas de carne, cortadas en rodajas, así como también las dos clases de butifarra, cortadas, al través, en pedazos más o menos gruesos.

La cocción del arroz puede terminarse en el horno caliente y durante unos dieciséis minutos, aproximadamente.

PAELLA DE MARISCOS

Ingredientes para 4 personas:

400 gramos de arroz
250 gramos de gambas
300 gramos de cigalas gordas
300 gramos de almejas
250 gramos de calamares
1 litro y medio de caldo de pescado obtenido de las cabezas de gambas, y la raspa de pescado con algo de cabezas de rape.
250 gramos de aceite de oliva
125 gramos de tomate rojo
Azafrán
Sal

Elaboración:

Se rehoga, en trocitos, las gambas peladas, los calamares troceados y el tomate rojo, agregando el caldo de pescado. Cuando hierve se añade el arroz, el azafrán y la sal; a continuación se colocan las cigalas y las almejas bien lavadas. Se deja cocer a fuego fuerte durante diez minutos y ocho minutos a fuego moderado. Dejar reposar y servir.

ARROZ CON ACELGAS

Receta del litoral castellonense.

Ingredientes para 4 personas:

400 gramos de arroz
125 gramos de cebolla muy picada
4 dientes de ajos
125 gramos de tomate picado
200 gramos de bacalao
2 manojos de acelgas troceadas
1 cucharada de pimentón
Azafrán
Sal

Elaboración:

Se prepara en cazuela de barro bastante honda. Se sofríen los ajos picados y la cebolla; cuando esté todo doradito, se añade el tomate y cuando esté todo bien sofrito, se le incorpora el pimentón, el bacalao desmenuzado y, enseguida, se rehogan bien las acelgas y se le añade el agua, equivalente al triple de la medida de arroz, que se tenga que cocer. Hay que dejarlo hervir durante media hora a fuego vivo, y entonces incorporar el arroz junto con unas briznas de azafrán y la sal necesaria. El tiempo aproximado de cocción es de unos 20 minutos, pero según la calidad de arroz, vigilaremos su cocción. Tendremos en cuenta que deberá reposar unos pocos minutos antes de servirlo.

PAELLA DE COSTILLAS DE CERDO CON COLIFLOR

Ingredientes para 4 personas:

400 gramos de arroz
400 gramos de costillas de cerdo partidas en trozos
200 gramos de hígado de cerdo
500 gramos de coliflor cortada en ramitos
125 gramos de aceite de oliva
8 ajos tiernos cortados
1 cucharada rasa de pimentón
Media cucharada de pimienta negra
Azafrán
Sal

Elaboración:

En una paellera se pone el aceite y cuando esté caliente, se sofríen las costilla y el hígado y se dora, no demasiado. Se añade la coliflor y los ajos. Todo se mezcla bien hasta que la coliflor tome color. A continuación se incorpora el pimentón, inmediatamente, el agua, el azafrán y la pimienta negra.

Mantendremos un fuego fuerte hasta que levante el hervor. Se rectifica de sal y de agua y, si la carne ya está bastante cocida, se pone el arroz, durante unos diez minutos a fuego fuerte y ocho minutos a fuego moderado, hasta que se seque el grano.

ARROZ AL HORNO

Receta Típica de Cofrentes.

Ingredientes para 4 personas:

150 gramos de garbanzos
400 gramos de arroz
500 gramos de patatas, cortadas en rodajas
3 tomates
1 pimiento rojo
2 dientes de ajo
1 cabeza de ajos
300 gramos de morcilla de carne
150 gramos de aceite de oliva
Azafrán
Sal

Elaboración:

Se ponen los garbanzos en remojo la noche anterior y después los ponemos a cocer en una olla hasta que queden tiernos. Al final de la cocción se sazonan con sal y algo de azafrán. Aparte, en una sartén, hacemos un sofrito con un tomate y con dos dientes de ajo. A continuación se añade unas rodajas de patatas y los dos tomates, cortados también en rodajas y unas tiras del pimiento rojo, y todo ello junto con una cabeza de ajos, se sofríe bien y se agrega el arroz sin dejar de remover.

Se traslada el conjunto a una cazuela de barro plana, se incorpora los garbanzos y su caldo, sobre litro y medio, el azafrán y se rectifica de sal, removiendo de nuevo. En el centro se coloca una cabeza de ajos entera. Dejando que reposen en la cazuela unos minutos, tras los cuales se mete en el horno, a dos ciento veinte grados durante dieciocho minutos.

ARROZ CON JUDÍAS SECAS

Receta muy valenciana.

Ingredientes para 4 personas:

200 gramos de arroz	1 morcilla de cebolla
150 gramos de judías secas, remojadas la noche anterior	150 gramos de aceite de oliva
400 gramos de pata de cerdo	400 gramos de nabos
300 gramos de morro	1 cucharada de pimentón
100 gramos de tocino con beta	Media cucharada de pimienta negra
	Sal

Elaboración:

En un perol con la carne, convenientemente troceada, y las judías, se ponen al fuego en agua fría, en cantidad suficiente. A medio cocer, se añaden los nabos pelados y cortados en trozos. Cuando ya todo esté casi cocido, aparte, se sofríe en una sartén, con el aceite caliente, una cucharadita de pimentón y se aboca inmediatamente al perol. Se deja hervir unos minutos y se añade la morcilla, la sal y se rectifica de agua, doble de líquido que de arroz. Se incorpora el arroz procurando una cocción de dieciocho minutos, en la éste tiene que quedar trabado con el caldo; es decir, ni demasiado caldoso ni demasiado seco.

ARROZ CON PATA

Ingredientes para 6 personas:

400 gramos de arroz	400 gramos de garbanzos, puestos en remojo la noche anterior
2 kilos de pata de ternera	50 gramos de cebolla
1 morcilla de cebolla	Azafrán
50 gramos de chorizo, para guisar	Sal
60 gramos de aceite de oliva	

Elaboración:

Hervir las patas de ternera durante una hora, deshuesarlas y trocear la carne. Reservar el caldo.

Sofreír en una cazuela de barro la cebolla picada, la morcilla, el chorizo, los ajos y el tomate picado. Agregar la carne, los garbanzos y el arroz. Añadir el caldo, la sal y una pizca de colorante, y dejarlo hervir hasta que quede seco y en su punto.

José Gómez, dueño del restaurante Racó de Plá, aconseja: El arroz con pata es aconsejable servirlo con un limón.

Es un arroz que exige descanso.

PAELLA DE COLIFLOR

Receta cedida por el Excmo. Ayuntamiento de Oliva.

Ingredientes para 4 personas:

400 gramos de arroz
1 coliflor pequeña
300 gramos de costilla de cerdo
Medio conejo troceado pequeño
Medio pollo troceado
5 dientes de ajos
300 gramos de magro
175 gramos de aceite de oliva
200 gramos de pan rallado
1 huevo
Perejil picado
Una cucharadita de canela
50 gramos de piñones
Azafrán
Sal

Elaboración:

En primer lugar se preparan las albóndigas, en un cuenco se mezcla el magro picado, el perejil, el huevo batido, la canela, los piñones y el zumo de limón con sal. Pastar bien toda la mezcla y proceder a hacer bolitas con la carne, que se reserva. Sofreír la coliflor troceada, junto con el pollo, el conejo y las costillas de cerdo y una o dos hojas tiernas de la coliflor y los ajos picados. Cuando esté bien sofrito se añade el agua y las albóndigas crudas y que tenemos reservadas. Cuando esté todo cocido se incorpora el arroz y se rectifica de sal.

Recomendamos retirar las albóndigas para colocarlas, en el plato, cuando lo sirvamos a la mesa.

PAELLA DE LA HUERTA

Receta de Remedios Águilar. Huerta del tío Alabau, Valencia.

Ingredientes para 4 personas:

12 puñados de arroz equivalen a 400 gramos, aproximadamente
1 pollo criado en la huerta
50 gramos de judías blanca o tabella
100 gramos de garrafón tierno
200 gramos de "ferraura" o judías verdes anchas
Algunas alcachofas de temporada
125 gramos de tomates maduros
4 dientes de ajos, sal y colorante
200 gramos de aceite de oliva
1 litro y medio de agua
Una cucharada de pimentón
Azafrán
Sal

Elaboración:

Se coloca la paellera sobre el fuego con el aceite y cuando éste comience a humear, incorporamos el pollo troceado y ligeramente salado, dorándolo cuidadosamente a fuego medio. Si el fuego es excesivo, podemos espolvorear un poco de sal en el borde de la paella, en aquellas zonas en que no hay aceite para evitar que se queme. Una vez dorado el pollo incorporamos el tomate y el ajo, ambos bien picados, añadiendo, asimismo, las tradicionales verduras y una cucharada de pimentón.

Al comienzo del hervor, se le añade el azafrán y la sal, dejándolo al fuego durante unos quince minutos. Una vez todo bien cocido se rectifica de sal y, añadiendo el agua que se ha consumido, se le incorpora el arroz. Se pone a fuego vivo durante diez minutos y luego, con menos fuego, ocho minutos hasta que se seque el grano. Se deja reposar unos momentos al calor de la brasas.

PAELLA DE VERDURAS

Ingredientes para 6 personas:

600 gramos de arroz
250 gramos de coliflor,
150 gramos de habas tiernas
150 gramos de garrofón
125 gramos de setas,
3 alcachofas
1 manojo de ajetes tiernos
125 gramos de tomates maduros
150 gramos de "ferradura"
5 dientes de ajos
3 pimientos
200 gramos de aceite de oliva
3 litros de agua
Azafrán
Pimentón
Sal

Elaboración:

Se lavan las verduras y se preparan, limpiándolas de sus partes no comestibles, y cortándolas en pequeños trozos.

Se sofríen los pimientos y se reservan; se van sofriendo los demás elementos vegetales comenzando por las setas, después la coliflor y concluyendo con el tomate. Se añade el pimentón al sofrito e inmediatamente, el agua, que de ser posible se habrá calentado por separado. Cocer a fuego medio durante treinta minutos, añadir los pimientos reservados, probar y rectificar de sal. Añadir el arroz y distribuirlo bien por toda la paellera. Cocer a fuego vivo durante diez minutos, posteriormente, bajar gradualmente el fuego durante otros ocho minutos. Retirar la paelleraa del fuego. Dejar reposar unos minutos.

PAELLA DE ARROZ NEGRO CON CHIPIRONES

Receta típica de Silla.

Ingredientes para 4 personas:

400 gramos de arroz
600 gramos chipirones
4 dientes de ajos pelados y picados
175 gramos de aceite de oliva
1 cucharada de pimentón
1 cucharadita de pimienta negra
Azafrán
Sal
1 litro y medio de caldo de pescado
(Para el caldo de pescado un kilo de morralla)

Elaboración:

Se pone el pescado a hervir durante 20 minutos, pasado ese tiempo se cuela y se reserva.

Los chipirones se limpian procurando que conserven su tinta.

Con el aceite bien caliente, en la paellera, se sofríe el ajo y la cebolla hasta que se doren.

A continuación se le incorporan los chipirones con algo de sal, se sofríen y se le agrega el pimentón con la pimienta negra (facultativo) y el caldo de pescado, muy caliente. Se cuece al fuego fuerte, durante diez minutos y ocho a fuego lento hasta que el arroz este seco.

ARROZ DE BACALAO CON GUISANTES Y PATATAS EN CAZUELA

Ingredientes para 4 personas:

400 gramos de arroz
200 gramos de guisantes tiernos
150 gramos de patatas, cortadas en dados grandes
1 cebolla
175 gramos de aceite de oliva
150 gramos de bacalao seco, ligeramente tostado en la llama, desmenuzado y sin espinas
4 dientes de ajo
1 hoja de laurel
1 cucharada de pimentón
Azafrán
Sal

Elaboración:

El bacalao se pone en un recipiente con agua, los ajos enteros, una cebolla cortada en cuadritos, pimentón y azafrán.

En una cazuela de barro o de hierro se pone a hervir las patatas cortadas en dados grandes y los guisantes, con una hoja de laurel, con agua suficiente para que la podamos utilizar en la cocción posterior del arroz. Aparte en una sartén de freír se pone aceite y se sofríen los dientes de ajo picados y la cebolla. Cuando, la cebolla, esté trasparente se añade el bacalao bien escurrido, y se sofríe junto con el arroz, finalmente, removeremos todo el conjunto para mezclarlo bien. El contenido de la sartén se abocará a la cazuela, que habremos apartado, donde quedarán los dados de patatas, los guisantes y el agua suficiente para la cocción. Ésta deberá ser, aproximadamente, el doble de la cantidad de arroz; se rectifica de sal y se pone, de nuevo, la cazuela a hervir hasta que el grano quede seco o meloso, pero entero.

ARROZ “ROSSEJAT”

Receta típica de Tabernes de la Valldigna, Valencia.

Ingredientes para 4 personas:

400 gramos de arroz
175 gramos de aceite de oliva
2 manos de cerdo
1 oreja de cerdo
125 gramos de magro de cerdo
125 gramos de tocino de beta
250 gramos de garbanzos, puestos en remojo la noche anterior
1 cebolla entera
100 gramos de tomates maduros
4 dientes de ajo
1 cucharada de pimentón
Azafrán
Sal
100 gramos de tomates maduros

Arroz al Horno (ver pág. 59)

Arroz Rojo (ver pág. 72)

Paella Valenciana Clásica (ver pág. 50)

Paella (ver pág. 50)

Arroz Caldoso con Frutos del Mar (ver pág. 72)

Arroz de Langosta (ver pág. 54)

Arroz Caldoso de Pollo y Conejo (ver pág. 69)

Arroz "amb Bledes" (ver pág. 68)

Arroz a Banda (ver pág. 67)

Arroz "amb Fetje de Bou" (ver pág. 56)

Arroz a la Alcireña (ver pág. 57)

Arroz con Bogabante (ver pág. 53)

Arroz de Bacalao (ver pág. 64)

Elaboración:

Se pone, al fuego, una olla con agua, cociendo en ella toda la carne. Reservamos el caldo.

En una cazuela de barro plana, se sofríen unos trocitos de magro, cuatro dientes de ajos picados, el tomate pelado y picado. Una vez todo sofrito, se le añade la carne cocida anteriormente, debidamente troceada, rehogando todo el conjunto. Finalmente se incorpora el caldo del cocido, sobre litro y medio, se remueve y se agregan los garbanzos, rectificando, a gusto, la sal.

Es entonces cuando se introduce la cazuela en el horno, previamente caliente, a unos doscientos grados, esperando hasta que el arroz quede debidamente cocido; tiempo aproximado unos 18 minutos.

ARROZ MELOSO DE RAPE CON GAMBAS

Receta de El Cabanyal, Valencia.

Ingredientes para 4 personas:

250 gramos de arroz
400 gramos de rape, cortado en trozos
8 gambas
150 gramos de aceite de oliva
1 ñora
4 dientes de ajo
2 tomates medianos, maduros
50 gramos de cebolla picada
Unas ramas de perejil picado
Azafrán
Sal

Elaboración:

En una cazuela de hierro, se fríe la ñora, los dientes de ajos pelados y un tomate maduro. En la medida que estén dorados se van apartando del aceite y dejándolos enfriar en un mortero para, posteriormente, tritúrarlos junto con unas ramitas de perejil.

Se corta el rape en trozos y se sazona. Se pondrá a sofreír, con fuego moderado y en el mismo aceite, la cebolla, el otro tomate y las alcachofas cortadas a trozos, tapando la cazuela. Cuando esté dorado se le añade el rape, incluida la cabeza, el picado que teníamos reservado en el mortero junto con el arroz y el colorante. Le damos unas vueltas a todo y se le añade el agua caliente.

La cantidad de agua siempre dependerá de varios factores, como son el fuego y la calidad del arroz. No obstante, la cantidad de agua nunca deberá sobrepasar el litro y medio. Las gambas se añadirán cinco minutos antes de que acabe de cocerse el arroz.

ARROZ AL HORNO CON HABAS Y GUISANTES DE LA HUERTA VALENCIANA

Ingredientes para 4 personas:

400 gramos de arroz	5 dientes de ajo
1 morcilla	200 gramos de habas tiernas
1 morcón	1 cucharada de pimentón
150 gramos de tocino de beta	Azafrán
175 gramos de aceite de oliva	Sal
400 gramos de guisantes	

Elaboración:

En una cacerola, con dos litros de agua no caliente y algo de sal, se ponen a hervir los guisantes, las habas junto con el azafrán. Ya cocidas las legumbres, en una sartén, y con el aceite caliente, se fríen los embutidos y el tocino y los reservamos. En el mismo aceite de la sartén se sofríen los ajos; luego se incorpora el arroz y se mezcla todo. Seguidamente se aboca en la cazuela, después de añadirle el pimentón, se vierte en ella el caldo, sobre litro y medio, las legumbres y se rectifica de sal antes de meterla al horno, previamente caliente a doscientos grados y durante dieciocho minutos, aproximadamente. Una vez sacada la cazuela del horno se deja reposar unos minutos.

ARROZ AL HORNO CON ANGUILAS Y JUDÍAS VERDES

Ingredientes para 4 personas:

Ingredientes para 4 personas	1 cucharada de pimentón
400 gramos de arroz	Una cabeza de ajos
500 gramos de anguilas	125 gramos de tomate maduro picado
300 gramos de judías verdes	Azafrán
150 gramos de tabella	Sal
175 gramos de aceite de oliva	

Elaboración:

Se pone al fuego una cacerola con litro y medio de agua y se le agregan las judías verdes, la cabeza de ajos y el azafrán. Cuando las judías verdes ya estén casi cocidas se incorporan las anguilas troceadas y se deja que hiervan unos doce minutos, tiempo suficiente para que queden en su punto.

En una sartén, con el aceite caliente, se sofríe el tomate y luego se añade el arroz, sofriéndolo todo unos momentos y se incorpora el pimentón. A continuación lo ponemos en una cazuela de barro plana e incorporamos, rápidamente, el caldo de la cacerola con todo su contenido y también la cabeza de ajos. Se rectifica de sal. Deberemos procurar repartir bien tanto las anguilas como las verduras en la cazuela, que pondremos en el horno caliente, sobre doscientos grados. Una vez cocido dejarlo reposar unos minutos.

ARROZ A BANDA, DE PESCADORES

Ingredientes para 4 personas:

400 gramos de arroz	**Una cebolleta**
1 kilo y medio de pescado de roca	**1 hoja de laurel**
2 salmonetes grandes	**Una cucharada de pimentón**
150 gramos de "sepionet", limpio	**400 gramos de cebolla**
250 gramos de patatas	**Agua**
125 gramos de tomate maduro	**Azafrán**
175 gramos de aceite de oliva	**Sal**
4 dientes de ajos	

Elaboración:

En una cazuela de hierro, con agua, se ponen a hervir las patatas, la cebolleta, unos ajos sin pelar y medio partidos y una hoja de laurel. Ya cocidas, se incorpora el pescado, se añaden la sal y el agua, si es que se necesitase, para cubrirlo todo. Pronto estará cocido: diez o doce minutos. El caldo que deberá quedar, será sólo el suficiente para cocer el arroz, o sea un litro y medió, aproximadamente. Se coloca una sartén, con el aceite caliente, donde sofreímos los ajos y antes de que tomen color se añade la cebolla, el tomate bien picado y, también el sepionet. Se rehoga el conjunto. Finalmente, ponemos el arroz que mezclaremos con todo, para a continuación incorporar el caldo de pescado y rectificaremos de sal. Se deja hervir durante diez minutos a fuego fuerte y después a fuego moderado unos ocho minutos más. Nos deberá quedar un arroz seco.

El pescado, sin sus espinas, con la patata y la cebolla, forma un segundo plato, se suele servir acompañado de alioli. Actualmente no se sirven aparte los pescados cocidos puesto que los lleva el arroz en trozos pequeños. Este arroz se moja con un buen caldo hecho con morralla.

ARROZ "AMB FESOLS I NAPS"

Receta típica de Vinalesa y de El Puig, Valencia.

Ingredientes para 4 personas:

200 gramos de arroz
200 gramos de judías secas, puesta en remojo el día anterior
300 gramos de nabos
350 gramos de carne de cerdo
50 gramos de manitas, morro y oreja de cerdo
50 gramos de tocino de beta, fresco
4 morcillas de cebolla
2 litros de agua
70 gramos de aceite de oliva
3 dientes de ajo
1 cucharada de pimentón
Azafrán
Sal

Elaboración:

Se pone al fuego una olla con dos litros de agua fría, se agregan las judías que estaban en remojo, escurridas, junto con la carne de cerdo y el tocino y los nabos cortados en trozos. Se dejan cocer a fuego moderado. En una sartén con el aceite caliente freímos los ajos enteros; también el pimentón, sin que se queme, y se incorporan al puchero donde se están cociendo las judías.

Una vez que la carne esté casi cocida, se saca, se trocea en pedazos y se devuelve de nuevo a la olla. A continuación se agregan las morcillas, se rectifica de sal y se añade el azafrán. Cuando el caldo de cocción se haya reducido a la mitad, se incorpora el arroz y se deja cocer a fuego moderado durante dieciocho minutos. El caldo debe de quedar espeso.

ARROZ "AMB BLEDES"

Ingredientes para 4 personas:

200 gramos de arroz
2 manojos de acelgas
100 gramos de judías secas, puesta en remojo
150 gramos de patatas
125 gramos de tomates maduros
12 caracoles serranos
3 dientes de ajo
175 gramos de aceite de oliva
1 litro y medio de agua
Azafrán
Sal

Elaboración:

En una cacerola o perol de hierro se ponen a hervir en agua fría, las acelgas cortadas en trozos. Cuando ya estén medio cocidas, se añaden las patatas cortadas en pedacitos. En una sartén se sofríe el tomate; ya sofrito, se añade una cucharada pequeña de pimentón y se aboca todo en la cacerola donde hierven las judías y las acelgas. Se deja hervir hasta que esté todo cocido, incorporando los caracoles, previamente limpios y engañados. A los diez minutos se prueba de sal y se añade el azafrán. Se rectifica de agua y se añade el arroz, procurando que al cocerse, durante dieciocho minutos, aproximadamente, nos quede un arroz meloso.

ARROZ CALDOSO DE POLLO Y CONEJO

Ingredientes para 4 personas:

200 gramos de arroz	**125 gramos de tomate pelado y picado**
400 gramos de pollo	**3 dientes de ajo picados**
300 gramos de conejo	**150 gramos de aceite de oliva**
150 gramos de pimiento verde	**1 cucharada de pimentón**
200 gramos de judías verdes	**Azafrán**
3 alcachofas, partidas por el medio y restregadas con limón	**Sal**

Elaboración:

En una cazuela de barro o de hierro se pone el aceite a calentar, se fríe la carne troceada y sazonada, se incorporan los ajos picados con el tomate, se rehoga y a continuación se incorporan las verduras con el pimentón, el azafrán y unos dos litros de agua aproximadamente. Lo dejaremos cocer durante quince minutos y añadiremos el arroz. Se rectifica de sal y una vez en su punto se sirve.

ARROZ AL HORNO CON GARBANZOS Y PASAS SULTANAS

Receta cedida por el Excmo. Ayuntamiento de Sueca.

Ingredientes para 4 personas:

350 gramos de arroz	**1 litro y medio de caldo blanco. Ver receta**
200 gramos de garbanzos, puestos en remojo la noche anterior	**175 gramos de aceite de oliva**
150 gramos de pasas sultanas, puesta en agua una hora	**Azafrán**
	Sal

Elaboración:

Para el caldo blanco. Se pone una olla al fuego, con un litro y medio de agua y se le agrega un hueso de ternera y otro de jamón serrano, 2 caparazones de pollo y algo de sal.

En una cacerola u olla, puesta al fuego se ponen a cocer los garbanzos, con agua suficiente, con algo de sal y se dejan cocer hasta que estén tiernos. En una sartén, con el aceite caliente, se sofríen las pasas -bien secadas- y, poco después, se incorpora el arroz y se sofríe todo, trasladándolo a una cazuela de barro plana, donde se añaden los garbanzos escurridos con el caldo blanco y algo de azafrán. Se rectifica de sal y se pone al horno que deberá estar caliente, a unos doscientos grados, aproximadamente. Si se observa que falta agua añadirla de la olla donde hemos cocido los garbanzos, pero que esté caliente. Una vez cocido deberá quedar seco, se dejará reposar unos minutos.

ARROZ MELOSO DE PICHÓN CON SETAS

Receta de Karlo Escoto, Gandía. V Centenario de los Borja.

Ingredientes para 4 personas:

250 gramos de arroz bomba
2 pichones
250 gramos de setas
150 gramos de aceite virgen
1 litro y medio de caldo de ave
Tomillo fresco
Azafrán
Sal

Elaboración:

En una cazuela de hierro o de barro plana, se sofríen los pichones previamente sazonados y divididos en cuartos. Cuando estén dorados le incorporamos las setas cortadas y limpias.

Una vez todo sofrito le incorporamos el arroz y el pimentón. A continuación lo mojamos con el caldo de ave bien caliente. Se deja cocer durante dieciocho minutos, añadimos el azafrán y lo rectificamos de sal. A mitad de cocción le agregamos el tomillo fresco.

ARROZ MELOSO CON ALMEJAS

Ingredientes para 4 personas:

1 kilo y medio de morralla, para el caldo
300 gramos de arroz
1 kilo de almejas, bien lavadas
100 gramos de cebolla, picada
1 pimiento verde, en trozos
175 gramos de aceite de oliva
3 dientes de ajos
Una cucharada de perejil picado
1 cucharada de pimentón
Azafrán
Sal

Elaboración:

En una olla ponemos un litro y medio de agua, con la morralla lavada, a hervir durante quince minutos, obtenido el caldo se cuela y se reserva.

Aparte, en una sartén, abriremos las almejas con algo de agua, por precaución, ante la posible arena y se reservan

En una cazuela a ser posible de barro o de hierro, se pone al fuego y cuando esté caliente se añade el ajo picado, a continuación la cebolla y el pimiento verde, una vez lo tengamos rehogado, incorporamos el arroz dándole unas vueltas. Añadiremos el caldo caliente, pondremos el azafrán y rectificaremos de sal. Finalmente, añadiremos las almejas que tenemos reservadas.

ARROZ DE LA MARJAL

Receta de Jesús Melero, Sueca.

Ingredientes para 4 personas:

200 gramos de arroz
300 gramos de pato (Ánade Real Azulón) de la tirada
300 gramos de carne de cerdo: pata, jarrete, tocino fresco
150 gramos de alubias secas, puesta en remojo
200 gramos de nabos (de carne amarilla)
125 gramos de tomate rallado
125 gramos de cebolla
4 dientes de ajo
175 gramos de aceite de oliva
1 cucharada de pimentón
2 litros y medio de agua
Azafrán
Sal

Elaboración:

Poner las alubias a remojo, en agua fría, la noche anterior.

En un puchero, mejor de barro, poner los dos litros y medio de agua fría, las alubias, la carne de cerdo y el tocino.

Pelar y trocear los nabos. Pelar y picar los ajos y la cebolla. Trocear el Real Azulón (Pato de la Tirada). Calentar el aceite en una sartén y freír, a fuego lento, el pato. Añadir a continuación los nabos, los ajos, la cebolla y finalmente el pimentón. Remover todo junto con el tomate. La carne de cerdo desmenuzarla y volver a incorporarla al puchero. Todo lo juntaremos con las alubias. Probar el punto de sal y rectificar si procede. Incorporaremos el arroz, removiéndolo. Lo dejaremos cocer, a fuego lento, sobre dieciocho minutos, aproximadamente. Lo retiramos del fuego y servimos, dejándolo reposar, un poco, en el mismo plato.

ARROZ CALDOSO CON FRUTOS DEL MAR

Receta típica de Santa Pola.

Ingredientes para 6 personas:

400 gramos de arroz
1 kilo de buey de mar
100 gramos de cangrejos de mar (nécoras)
100 gramos de sepia, limpia y cortada en trozos
1 pimiento rojo, choricero
1 guindilla pequeña
100 gramos de tomate rallado
100 gramos de cebolla picada
150 gramos de aceite
1 copa de brandy
2 dientes de ajo
1 litro y medio de agua
Azafrán
Sal

Elaboración:

En una olla de barro o cacerola ponemos el aceite, cuando esté caliente, le agregamos el buey de mar, la sepia, los cangrejos, el ajo picado, la cebolla, el tomate, el pimiento choricero, cortado en trozos, la sal, la guindilla y el brandy.

Lo rehogamos bien y añadimos el agua con el azafrán. A los diez minutos de hervir, le incorporamos el arroz. Cuando vuelva a hervir, le bajamos el fuego hasta que esté cocido y rectificamos de sal. Lo apartamos y se sirve. Este arroz no debe esperar.

ARROZ ROJO DE CARABINEROS

Ingredientes para 4 personas:

400 gramos de arroz
1 litro y medio de caldo, hecho con morralla y con las cáscaras y cabezas de los "carabineros" rojos
150 gramos de aceite de oliva
250 gramos de carabineros rojos, pelados, y reservando la cabeza y las cáscaras
125 gramos de cebolla picada
3 dientes de ajo
1 pimiento choricero
2 ñoras
1 cucharada de pimentón
Azafrán
Sal

Elaboración:

En una paellera o cazuela poco honda, con el aceite caliente, freímos un poco las ñoras y el pimentón choricero, lo sacamos y reservamos.

A continuación agregamos las cabezas de los "carabineros" rojos junto con los ajos picados y la cebolla. Lo rehogamos todo un poco. Seguidamente sacamos las cabezas para machacarlas y así poder saca todo su jugo. Sacadas las cabezas, agregamos el arroz junto al pimentón y lo mojamos con el caldo colado y el jugo que hemos obtenido de las cabezas. Rectificamos de sal y lo dejamos cocer durante dieciocho minutos. Antes hemos machacado las ñoras junto con el azafrán y el pimiento choricero que agregamos al arroz, unos minutos antesde finalizar la cocción, a la vez que las colas peladas de los "carabineros" rojos.

ARROZ CON COSTRA

Típico de la ciudad de Elche.

Ingredientes para 4 personas:

400 gramos de arroz
300 gramos de pollo cortado en trozos
300 gramos de magro de cerdo, en dados
2 chorizos
2 morcillas de carne
2 "blanquets" de cerdo
200 gramos de garbanzos ya cocidos
150 gramos de tomates maduros
7 huevos
100 gramos de aceite de oliva
Unas ramitas de perejil
Azafrán
Sal

Elaboración:

En una sartén con el aceite caliente, se sofríe el pollo y el magro hasta que queden algo dorados. Seguidamente se agrega el tomate picado y se fríe también. A continuación, se pasa el sofrito de la sartén a una cacerola, con dos litros de agua, aproximadamente, donde se cocerán el pollo y el magro durante unos quince minutos.

El aceite de la sartén se pasa a una cazuela de barro y en ella, se sofríen los embutidos cortados con anterioridad en pedazos. Previamente cocidos, los garbanzos, se incorporan a la cazuela y se sofríen durante dos minutos. Se agrega el pollo y el magro y el caldo resultante de haber cocido el pollo y el magro. A la cazuela, con un litro y medio, aproximadamente, de caldo, se le incorpora el arroz y se distribuye, con una cuchara de madera, uniformemente, por toda ella. El arroz se deja cocer durante diez minutos y, mediados estos, se rectifica de sal y se le agrega el azafrán. Mientras tanto, se baten los huevos con el perejil picado. Sobre la superficie del arroz se reparte el batido y se coloca la cazuela en el horno durante unos ocho minutos, aproximadamente, a doscientos grados, para que se forme la costra dorada que da nombre a este delicioso y suculento plato de arroz.

ARROZ CON PULPO

Ingredientes para 4 personas:

400 gramos de arroz
250 gramos de judías blancas, dejadas en remojo la noche anterior
600 gramos de pulpo, previamente hay que darle un hervor
2 docenas de caracoles
6 pencas de acelgas
125 gramos de cebolla picada
125 gramos de tomate picado fino
4 dientes de ajo
2 hojas de laurel
1 litro y medio de caldo
1 cucharada de pimentón pequeña
Azafrán
Sal

Elaboración:

En una cazuela honda de hierro o de barro, se pone a cocer en agua fría la judía blanca.

A media cocción se incorpora el pulpo cortado en trozos, así como los caracoles, las acelgas bien lavadas y cortadas, el laurel, el azafrán y la sal. Aparte se hará un sofrito con la cebolla picada, el tomate, el ajo y perejil picado, añadiendo el pimentón, y lo incorporaremos a la cazuela que tenemos sobre el fuego. Una vez todo debidamente cocido, se le añade el arroz, con su correspondiente caldo, removiendo el conjunto y rectificando de sal.

ARROZ CON POLLO Y CONEJO

Ingredientes para 4 personas:

200 gramos de arroz
250 gramos de pollo
250 gramos de conejo
1 litro y medio de agua
1 pimiento verde
1 manojo de espárragos verdes
100 gramos de cebolla picada
150 gramos de aceite de oliva
60 gramos de tomate rallado
1 cucharada de pimentón
3 dientes de ajo
Azafrán
Sal

Elaboración:

En una cazuela de hierro o de barro honda, ponemos el aceite, cuando esté caliente le incorporamos el pollo y el conejo cortado en pequeños trozos, que previamente habremos condimentado con algo de sal. Los sofreímos hasta que queden dorados y a continuación le añadimos el ajo picado y la cebolla, que rehogamos un poco. Seguidamente incorporamos el tomate, los espárragos y el pimiento verde cortado a grandes trozos. Pasados unos tres minutos le añadimos el pimentón y el agua. Todo, lo dejamos en cocción unos ocho minutos antes de incorporar el arroz. Se rectifica de sal y de agua, esta última a tenor de lo que se ha consumido durante los ocho minutos de cocción. Se deja cocer durante otros dieciocho minutos.

OLLAS Y GUISOS

OLLA DE MAGRO AL VINO CON CLEMENTINAS

Ingredientes para 4 personas:

750 gramos de chuletas de cerdo
750 gramos de magro de cerdo, en trozos
800 gramos de cebolla, cortada en cuartos
8 patatas medianas y enteras
10 dientes de ajo, sin pelar
La corteza de tres naranjas mandarinas
500 gramos de tomate maduro, cortado en rodajas
Unas ramitas de tomillo
150 gramos de aceite de oliva
500 gramos de vino tinto clarete
Sal

Elaboración:

En una olla que cierre muy bien, se pone, todo crudo y con el aceite, las chuletas de cerdo, el magro, las cebollas, las patatas medianas, los ajos sueltos, el tomate, la corteza de las clementinas en trozos, el tomillo y la sal, al gusto. Finalmente se debe cubrir totalmente todo el conjunto con el vino.

La olla bien tapada se colocará al fuego, en fuego moderado, porque la cocción debe hacerse sin prisa, despacio. Deberemos vigilar el fuego y la olla, destapándola y removiendo todo el condumio suavemente. Se evitará que se pegue por la parte inferior. El plato estará listo para servir transcurridos unos diez minutos, aproximadamente.

GUISADO DE TERNERA

Receta típica de Castellón.

Ingredientes para 4 personas:

1 kilo de ternera, cortada para guisar
750 gramos de patatas, cortadas a trozos
200 gramos de garrofón
200 gramos de "tavella", desgranada
150 gramos de "ferraura", a trocitos
150 gramos de aceite de oliva
2 hojas de laurel
Sal

Elaboración:

En una cazuela de hierro se fríe la carne; cuando esté dorada se le añadén las verduras, los ajos, la cebolla y la sal, rehogándose a fuego moderado. Cuando la cebolla y las verduras estén blandas, se le incorpora el tomate frito y las hojas de laurel, añadiéndole agua hasta que quede cubierto.

Se deja cocer. Y cuando la carne esté casi cocida, se le añade las patatas dejándolas que hiervan hasta que estén tiernas. Se rectifica de sal.

GUISADO AL ESTILO DE VIVER

Ingredientes para 4 personas:

1 kilo de espaldilla de cordero, troceada
170 gramos de aceite de oliva
5 dientes de ajo, pelados y picados
400 gramos de cebolla, cortada
1 vaso de vino blanco, seco
1 manojito de perejil
750 gramos de patatas, cortadas en trozos grandes
Sal

Elaboración:

En una sartén con el aceite caliente, iremos sofriendo la carne que, ya dorada, se sacará y se dejará dentro de la cazuela honda de barro o de hierro, donde se hará el guisado. Seguidamente, en el mismo aceite, sofreiremos los ajos y antes de que tomen color, se añade la cebolla y cuando se esté poniendo trasparente, se pone el perejil bien cortado. Casi inmediatamente, antes de que el perejil se queme, se incorpora a la cazuela el conjunto de la sartén, se pone el vino, un vaso de agua, o poco más según sea de tierna la carne, y se mantiene a fuego moderado.

Cuando esté a medio cocer, se incorporarán las patatas y pondremos a gusto de sal. Si la carne fuese dura, se añadirá un poco más de agua.

La cocción, si la carne no es dura, costará, aproximadamente, una hora.

No deberá quedar demasiado caldo ni secarse. Lo ideal es alcanzar un punto de fluida densidad blanquecina -confitada- propia de este guiso, se rectifica de sal y se sirve.

OLLA DE PENCAS DE ACELGAS Y DE APIO

Ingredientes para 6 personas:

250 gramos de garbanzos
250 gramos de habichuelas
150 gramos de tocino salado
150 gramos de morcilla
150 gramos de chorizo
1 hueso de jamón
500 gramos de jarrete de ternera
400 gramos de patatas
500 gramos de pecas de acelgas
175 gramos de aceite de oliva
1 litro y medio de agua
1 cucharada de pimentón
1 cabeza de ajos
1 cebolla grande
2 guindillas
Pimienta
Sal

Elaboración:

Los garbanzos y las habichuelas los tendremos en remojo desde el día anterior. Al día siguiente limpiaremos las pencas de las acelgas y el apio que cortaremos a trozos, y dejaremos, también, a remojo. En un perol de barro pondremos a hervir un litro y medio de agua y le añadiremos los trozos de acelgas, los garbanzos, los ajos, la cebolla entera, el tocino, el hueso de jamón y todo lo dejaremos cocer a fuego suave. Incorporaremos, posteriormente, los trozos de apio escaldados y la carne. Las habichuelas se cocerán aparte añadiéndole agua fría a mitad del hervor.

Cuando estén los garbanzos cocidos, añadiremos las habichuelas, previamente, cocidas y un poco de aceite, la pimienta, la sal y la guindilla. Sacaremos la cebolla y los ajos del perol, lo rehogaremos y mezclaremos con el resto del aceite y con el pimentón, procurando que éste no se queme. Seguidamente lo pasaremos por un colador o pasapurés y lo incorporamos al perol añadiendo, entonces, el chorizo, la morcilla y las patatas. Lo dejaremos cocer, hasta que las patatas estén tiernas.

OLLA JUNTA

Receta de Salvador Pérez, de Náquera.

Ingredientes para 8 personas:

1 pie de cerdo	**4 morcillas de cebolla**
250 gramos de gallina	**2 nabos, amarillos**
250 gramos de garreta, de ternera	**2 litros de agua**
Media careta de cerdo	**2 pencas de cardo**
250 gramos tocino, de beta	**250 gramos de alubias**
2 huesos de ternera, de rodilla	**300 gramos de arroz**
4 huesos de corbet	**Sal**
1 rabo de cerdo	

Elaboración:

En una olla, con el agua y un poco de sal, se ponen todos los ingredientes menos las alubias, la morcilla y las pencas de cardo. Se cuece hasta que esté todo tierno. Todo se trocea y se reserva.

Aparte se hierven las alubias en agua fría sin sal. Las pencas de cardo se hierven aparte. Los pelamos y cortamos agregándolos al agua cuando ésta esté hirviendo.

Una vez todo cocido se mezclan, las pencas de cardo, la carne, las alubias y el caldo donde han sido cocidas junto con el nabo a rodajas o en trozos. Seguidamente se añade el arroz y se sazona, faltándole unos minutos de cocción se le agregan las morcillas. El tiempo de cocción será de unos 18 minutos, aproximadamente.

"CASSOLÀ"

Ingredientes para 6 personas:

500 gramos de judías blancas
600 gramos de tocino salado
5 dientes de ajo
1 cucharadita de pimienta, negra
1 rama de apio
2 hojas de laurel
1 cucharadita de azúcar
1 cucharadita de mostaza
1700 gramos, aproximadamente, de conejo o de pollo
300 gramos de longanizas

Elaboración:

Las judías se pondrán el remojo la víspera del guiso, y luego de bien lavadas se ponen en una cazuela grande con todos los ingredientes mencionados, excepto la longaniza y el pollo o conejo. A fuego de horno, a mediana temperatura, dejaremos que la cazuela se vaya cociendo lentamente durante una hora, procurando que el caldo cubra siempre las judías. Añadiremos la carne troceada y sacaremos el tocino, que trocearemos junto con la longaniza. Esparcido todo por encima de las judías, lo dejaremos cocer, durante 15 minutos, aproximadamente, hasta que el caldo esté reducido. Lo rectificaremos de sal y serviremos caliente.

"EMPEDRAO"

Receta de Carmen Ricart, de Segorbe.

Ingredientes para 4 personas:

125 gramos de bacalao en trozos y no lavado
300 gramos de tomate, picado
6 dientes de ajo o un manojo de ajetes tiernos
200 gramos de aceite de oliva
1 litro y medio de agua
200 gramos de habichuelas rojas
300 gramos de collejas cortadas y lavadas
400 gramos de arroz
1 cucharada de pimentón
Sal

Elaboración:

Se sofríen en una sartén, con el aceite caliente, los ajos, el bacalao, las collejas y el tomate.

En un perol, con litro y medio de agua, se habrán hervido, previamente, las habichuelas rojas. Al sofrito se le incorpora el arroz y el pimentón y, a continuación, se añaden al perol con las habichuelas. Se prueba de sal y se deja que hierva todo, a fuego vivo, durante unos diez minutos y, luego, disminuyendo el fuego, se deja cocer unos ocho minutos más hasta que el grano quede cocido y seco. Este arroz se comía tradicionalmente por la noche, para cenar, en las familias labradoras pues los labradores estaban por el campo todo el día.

OLLETA MORA

Ingredientes para 6 personas:

500 gramos de alubias
125 gramos de tomates, pelados y cortados a trozos
125 gramos de aceite de oliva
200 gramos de panceta
250 gramos de morro
2 manitas de cerdo
1 trozo de hueso de jamón
3 chorizos
2 hojas de laurel
1 cucharada de pimentón
1 cabeza de ajos
2 litros de agua
Azafrán
Sal

Elaboración:

Poner las alubias en remojo la noche anterior.

En un puchero poner el aceite y sofreír el tomate, la cebolla, los ajos y el laurel.

Cuando todo esté bien sofrito, agregar toda la carne excepto el chorizo, rehogar y añadir el pimentón.

Remover durante diez minutos sin parar hasta dorar. Agregar el agua y llevar a ebullición.

Cocer al menos veinte minutos, pasado ese tiempo agregaremos las alubias y un poco de azafrán, dejándolo hervir, a fuego moderado, hasta que las alubias estén en su punto. Añadirle la sal a gusto.

OLLA PODRIDA

Receta típica de Bunyol.

Ingredientes para 4 personas:

500 gramos de alubias, de color
150 gramos de judías verdes
2 pencas de cardo
2 zanahorias
1 cucharadita de pimentón
1 tallo de hierba buena
1 cucharadita de harina
150 gramos de cebolla
125 gramos de aceite de oliva
1 litro y medio de agua
1 boniato
300 gramos de patatas
Sal

Elaboración:

Se ponen las alubias a remojo la noche anterior.

En una cacerola con litro y medio de agua, puesta a fuego moderado se ponen a cocer las habichuelas, las patatas, las pencas de cardo cortado a trozos; el boniato y la zanahoria, troceados y las judías verdes limpias y cortadas. Las tendremos, a ese fuego, durante cuarenta minutos con la cacerola tapada.

Aparte, en una sartén se sofríen la cebolla picada, la cucharadita de harina y el pimentón, que se agrega a la cazuela y se deja hervir hasta que las habichuelas estén cocidas y tiernas. A punto de servir se le agrega la hierba buena y la sal, a gusto.

PUCHERO VALENCIANO

Ingredientes para 6 personas:

600 gramos de garbanzos puestos en remojo el día anterior
500 gramos de garreta de ternera
2 huesos de caña con tuétano
2 "blanquets"
150 gramos de jamón
350 gramos de carne de gallina
150 gramos de tocino fresco
150 gramos de chorizo
150 gramos de morcilla de cebolla
2 zanahorias
500 gramos de patatas
1 boniato
1 clara de huevo
Para la pelota salada:
200 gramos de pan blanco rallado
200 gramos de magro de cerdo, previamente cocido
La sangre de una gallina
3 yemas de huevo
Una clara de huevo
40 gramos de manteca de cerdo
25 gramos de tocino
Ajo
Perejil
Piñones
Sal
Para las pelotas dulces:
200 gramos de pan blanco rallado
3 yemas
Una clara de huevo
40 gramos de manteca de cerdo
25 gramos de tocino fresco, picado
125 gramos de azúcar
5 gramos de canela molida
Un poquito de ralladura de limón
Nuez moscada

Elaboración:

Pelota salada: Se pican las migas de pan, el magro y la sangre de gallina y se mezclan con el picadillo de ajo y perejil y el resto de los ingredientes. Se amasa todo y se forma la pelota.

Pelotas dulces: Los ingredientes se amasan por separado y se forma la pelota dulce. Finalmente, ambas, se rebozan con la clara de huevo y ya están listas para añadirlas al puchero.

En un puchero con dos litros de agua y sal se ponen la carne, los huesos y la gallina al fuego. Cuando empiece a hervir, se le quita la espuma y se deja cociendo, a fuego moderado, durante unos veinte minutos, aproximadamente. Transcurrido este tiempo, le incorporamos los garbanzos, la morcilla, el chorizo, el jamón y el tocino, dejándolo cocer unos treinta minutos más. A continuación se le agregan las patatas y el resto de hortalizas troceadas. Unos minutos más tarde se agregan las pelotas, dejándolas cocer otros 18 minutos. Se rectifica de sal. Si vemos que le hace falta agua hay que ponerla caliente para que no se encallen los garbanzos.

La sopa, ya sea de arroz o de fideos finos, la elaboramos con el caldo del cocido. Después de la sopa se sirven los ingredientes del cocido, carnes y pelotas, que se colocan en una fuente honda. En otra fuente presentaremos los garbanzos y las hortalizas.

OLLETA DE ALCOI

Plato de montaña.

Ingredientes para 4 personas:

1 kilo de judías blancas, puesta en remojo la víspera del guiso
600 gramos de costillas de cerdo
2 nabos
100 gramos de cebolla, picada
4 pencas de cardo
2 morcillas de carne
150 gramos de aceite de oliva
Sal

Elaboración:

Se sofríe la cebolla y a continuación se añaden los demás ingredientes y el agua suficiente para que los cubra. Los ponemos a hervir hasta que las judías queden tiernas.

El caldo debe quedar espesito y cuando ya esté en su punto se le agrega la sal y se deja hervir unos 5 minutos más.

Las judías no cuecen bien con la sal. Es importante añadirla cuando ya está realizado el guiso.

OLLA DE CASTELLÓN

Ingredientes para 4 personas:

150 gramos de tocino fresco
2 morcillas de cebolla
1 trozo de oreja de cerdo
1 trozo de hocico de cerdo
150 gramos de habichuelas
150 gramos de garbanzos
200 gramos de arroz
200 gramos de hojas de col
2 manojitos de espinacas
2 manojitos de espinacas
2 pencas de cardo
1 pedazo de nabo

2 litros de agua	150 gramos de tomate maduro
750 gramos de patatas	Sal
4 dientes de ajo, picado	

Elaboración:

En un perol de barro se hace un sofrito con el ajo y el tomate e incorporamos el tocino a pedacitos, añadiremos la oreja, el hocico de cerdo junto con la morcilla de cebolla. Cuando esté todo bien sofrito, pondremos las hojas de col, las espinacas, las pencas de cardo, las judías verdes y el pedazo de nabo -todas las verduras deberán haber sido lavadas y cortadas a trocitos-. Después de rehogarlo todo añadiremos el agua, las patatas a trozos, las habichuelas y los garbanzos, que habrán estado en remojo desde el día anterior. Durante una hora lo dejaremos cocer a fuego lento, añadiremos el arroz, que lo tendremos cociendo, aproximadamente 18 minutos, hasta que esté en su punto.

OLLA VALENCIANA DE LAS TRES ABOCAS

Receta tradicional valenciana que no podía faltar. Este nombre tan peculiar viene dado por la tradición de tomarlo en tres tandas: primero el caldo -sea con o sin pan-, después los productos vegetales y por último las carnes.

Ingredientes para 6 personas:

500 gramos de garbanzo, puesto en remojo el día anterior	6 alcachofas
500 gramos de ternera	1 chirivía
Media gallina	1 zanahoria
125 gramos de tocino	1 cebolla pequeña con dos clavos de especies incrustados
100 gramos de jamón	Una ramita de apio
2 morcillas de sangre y cebolla	4 patatas grandecitas (a trozos)
200 gramos de oreja de cerdo	Sal
1 hueso de ternera blanco	

Elaboración:

En un puchero con dos litros de agua y algo de sal se pone la carne, los huesos y la gallina, todo al fuego, y cuando empiece a hervir, se le quita la espuma y se deja cociendo, a fuego moderado, durante veinticinco minutos. Transcurrido este tiempo, le incorporamos los garbanzos, la morcilla, el chorizo, el jamón y el tocino, dejándolo cocer unos veinticinco minutos más, a continuación se le agregan las patatas, la chirivía, la zanahoria con la cebolla, los clavos y el apio.

Las alcachofas (desprovista de las hojas más duras) a las que se les corta las puntas, se cuecen durante doce minutos, en agua con una pizca de sal. A continuación se incorporan a los garbanzos, dejándolo todo cocer durante otros 20 minutos. Finalmente se rectifica de sal.

El orden de servicio también es el mismo que para los otros cocidos: primero la sopa que puede ser de arroz o de fideos y seguidamente la carne y las verduras, en dos fuentes y por separado.

OLLA DE JUDIAS PINTAS

Receta típica de Cofrentes.

Ingredientes:

500 gramos de cardos	**3 morcillas de cebolla**
1 huesos de jamón	**125 gramos de tocino**
2 huesos de espinazo de cerdo	**500 gramos de patatas troceadas**
1 trozo de oreja de cerdo	**Sal**
1 pie de cerdo	

Elaboración:

En una olla de barro con litro y medio de agua se introducen las judías junto con los cardos y el hueso de jamón y ponemos a punto de sal, al gusto.

Se dejan cocer durante un cuarto de hora y, a continuación, se le añaden el resto de ingredientes, a excepción de las morcillas que se incorporan cuando veamos que las judías están tiernas.

POTAJE DE ALUBIAS CON COSTILLAS

Ingredientes para 4 personas:

600 gramos de alubias	**4 dientes de ajo**
600 gramos de costillas de cerdo	**125 gramos de tomate maduro**
150 gramos de cebolla	**150 gramos de aceite de oliva**
200 gramos de longanizas	**Sal**

Elaboración:

Se ponen las alubias a remojo la noche anterior, se escurren.

Colocamos el aceite en una sartén y se fríen la costilla, cortadas a trozos. Cuando estén doradas agregamos las longanizas. Una vez fritas se sacan y reservan las carnes y en el mismo aceite se incorporan los ajos, la cebolla y el tomate, todo picado, confeccionando el sofrito.

En una cazuela de barro o cacerola se ponen las alubias, el sofrito, las costillas y las longanizas. Se cubren con agua y todo se deja cocer, a fuego medio, hasta que las alubias estén blandas. Se sazonan a gusto. Se sirven calientes.

MENUDILLOS DE GALLINA O DE POLLO

Receta de la ciudad de Valencia, siglo XVIII.

Elaboración:

Con los menudillos de las aves y partes menos aprovechable, alas, cuello, cresta, patas, mollejas etc., podemos hacer un buen caldo.

Después de bien fritos los menudillos en 100 gramos de manteca de cerdo y con un sofrito de cebolla y de tomate muy picado, se les añade un picado de mortero, consistente en dos dientes de ajos pelados, un clavo, sal, pimienta negra en grano, perejil y un pellizco de canela, todo bien majado. Finalmente se incorpora un picado de avellanas. Se mezcla con los menudillos elegidos y se sirve.

Con los menudillos de las aves de corral, particularmente cuando son gallinas caseras, además del hígado, el corazón y las mollejas, eran base de la solemne sopa cubierta tradicional en nuestra tierra.

También, los menudillos cocidos en el caldo de un buen cocido -lo que se llama cocido de Navidad-, se trocean y esparce en una cazuela plana de barro, junto con unos huevos duros muy cortados. Antes de servirse, le añadiremos unas rebanadas finas de pan tostado e incorporaremos caldo del cocido dejándolas cocer un par de minutos, obteniendo una deliciosa sopa que serviremos bien caliente.

POTAJE DE RELIGIOSAS

Receta típica del Viernes Santo.

Ingredientes:

250 gramos de garbanzos, puestos a remojo la noche anterior
500 gramos de acelgas o espinacas, bien lavadas
2 huevos
125 gramos de aceite de oliva
6 almendras fritas
50 gramos de rebanadas de pan frito
1 cebolla mediana, bien picada
1 tomate maduro, bien picado
1 cabeza de ajos, pelados
2 cucharadas de vinagre
3 ñoras
Sal

Elaboración:

Pondremos al fuego, en olla o puchero, abundante agua y cuando empiece a hervir, le agregaremos los garbanzos escurridos y las acelgas o espinacas cortadas. Cuando nuevamente empiece a hervir bajaremos el fuego para que cueza suavemente hasta el final. Se pone el aceite a calentar y se sofríen las ñoras y las rebanadas de pan, también las almendras que se retiran y se ponen en un mortero. A continuación freímos los dos huevos, bien fritos, hasta que las claras se doren. Se sacan y se dejan también en el mortero. En el mismo aceite se fríen la cebolla y el tomate; juntos de hace un picado.

Mientras fríen, asaremos una cabeza de ajos entera que pelaremos y majaremos, en el mortero, juntamente con todo lo que ya habíamos puesto, añadimos la sal al gusto y el vinagre. Pondremos esta salsa en el potaje y, siempre a fuego moderado durante unos veinte minutos, lo dejaremos cocer hasta que esté en su punto.

TRIGO "PICAO"

Típico de Teresa de Confrentes.

Ingredientes para 6 personas:

300 gramos de trigo
300 gramos de judías blancas
1 hueso de jamón
2 manojos de espinacas
150 gramos de tomate, maduro
1 litro y medio de agua
125 gramos de cebolla
250 gramos de patatas
150 gramos de aceite de oliva
1 cucharada de pimentón
Sal

Elaboración:

Previamente y durante unas tres horas, tendremos el trigo a remojo. Posteriormente, en un montero, se pica este cereal hasta que salte la piel, enjuagándose a continuación.

En una sartén hacemos un sofrito con la cebolla, el tomate, las patatas cortadas a cuadritos, el pimentón y sal. Aparte, en una cazuela puesta al fuego, con litro y medio de agua, se colocan el hueso de jamón, las judías y el trigo. Añadiremos el sofrito. Todo esto se deja hirviendo hasta que quede bien cocido. Pondremos la sal a gusto. Servir caliente. Hoy en día, el trigo se encuentra ya preparado en las herboristerías.

OLLETA DE TRIGO, HABICHUELAS BLANCAS Y PINTAS

Receta típicamente alicantina.

Ingredientes para 6 personas:

500 gramos de costillas de cerdo	100 gramos de zanahorias
250 gramos de orejas de cerdo	2 nabos
2 pies de cerdo	1 boniato
175 gramos de habichuelas blancas	4 pencas de cardos
175 gramos de habichuelas pintas	2 hojas de acelgas
175 gramos de trigo picado	125 gramos de aceite de oliva
2 morcillas de cebolla	Sal

Elaboración:

La noche anterior poner las habichuelas a remojo. Lavar y cortar las verduras. Colocar todos los ingredientes en una olla con agua. Dejarlos cocer, sin sal, a fuego lento durante dos horas. Unos cinco minutos antes de apagar el fuego agregarle la sal al gusto, retirar la piel de las morcillas de cebolla, desmenuzarlas e incorporarlas sobre el contenido de la olla. Se sirve caliente.

OLLETA DEL MÚSICO

Con este plato se obsequiaba a los músicos, de las bandas de otros pueblos, que acudían a Alcoi con motivo de las fiestas de Moros y Cristianos.

Ingredientes para 6 personas:

300 gramos de judías secas, puesta en remojo la noche anterior	1 hueso de ternera
250 gramos de asadura	4 pencas de acelgas
250 gramos de morcilla	125 gramos de aceite de oliva
1 hueso de jamón	Azafrán
	Sal

Elaboración:

Se ponen a cocer las judías; cuando han hervido un poco, se le cambia el agua y se añaden las pencas y la asadura. Cuando las judías están cocidas se añade el aceite, previamente calentado, la sal, al gusto, y el azafrán. Se prosigue la cocción, hasta que las judías estén tiernas. Se sirve caliente.

OLLA DE "CEBA"

Ingredientes para 6 personas:

500 gramos de cebolla
500 gramos de alubias
500 gramos de patatas
150 gramos de judías verdes
150 gramos de aceite de oliva
Una ramita de hierba buena
Azafrán
Agua
Sal

Elaboración:

Poner les alubias en agua en remojo la noche anterior.

En una olla puesta al fuego y con el agua suficiente fría, se incorporan las alubias y cuando estas empiecen a cocer, aproximadamente pasados unos quince minutos, se cambia el agua.

Agregar agua nueva y ponerla a cocer nuevamente pero sin sal, pues las pueden endurecer. Mientras tanto calentar en una sartén el aceite y sofreír la cebolla cortada fina.

Añadir el sofrito a la olla.

Agregar las patatas cortadas, las judías verdes, una ramita de hierba buena y el azafrán, dejar cocer hasta que quede el conjunto tierno, poner la sal al gusto.

OLLA CHURRA

Plato típico de Villar del Arzobispo.

Ingredientes para 4 personas:

250 gramos de cordero, del pecho o del cuello
1 hueso de jamón
2 morcillas de cebolla secas, mejor en aceite
1 morcilla de pan
600 gramos de tocino fresco
700 gramos de alubias
6 hojas de acelgas, troceadas
400 gramos de patatas
50 gramos de cebolla
100 gramos de judías tiernas, troceadas
150 gramos de aceite de oliva
1 cucharadas de pimentón colorado
Azafrán
Sal

Elaboración:

En una olla, preferentemente de barro, se cocerán las judías (debidamente remojadas las víspera y se le incorporan las morcillas y la carne de cordero, el tocino, y se cuecen las alubias. Veinte minutos después se añaden las carnes y, pasados otros 20 minutos, las verduras. Dejaremos que todo esté bien cocido. Aparte en una sartén pequeña se sofríe la cebolla picada y, después de dorada, se saca de la olla una cucharada de patatas y judías, aplastándose en la sartén con un tenedor. Se sofríe por ultimo el pimentón y se agrega a la olla que ha de cocer unos cinco minutos más. Se sazona de sal y azafrán. Se recomienda que la cocción sea a fuego lento.

PUCHERO DE PULPO

Receta típica de Calpe.

Ingredientes para 4 personas:

1 kilo 500 gramos de pulpo, cortado a trozos
4 pencas de cardo
1 boniato
1 cabeza de ajos
125 gramos de aceite de oliva
50 gramos de harina
2 litros de agua
Pimienta blanca
Azafrán
Sal

Elaboración:

Poner todos los ingredientes dentro de una olla con el aceite y un poco de agua y algo de sal.

Cocer hasta que esté tierno el pulpo. Lo retiramos del fuego y le sacamos caldo justo para la sopa o "farineta", reservamos el caldo.

Con el caldo haremos "les farinetes" diluyendo en él un poco de harina y mezclándola con una cuchara de madera o un batidor para que no se hagan grumos. Se pone a hervir durante unos cinco minutos, se rectifica de sal y se sirve. De primero se sirven "les farinetes" o sopa hecha con el caldo y de segundo el pulpo.

ROPA VIEJA

Plato del libro de D. Antonio González Pomata, Alicante.

Ingredientes:

El sobrante de un cocido
6 dientes de ajo
Aceite
Sal

Elaboración:

Se sofríen los seis dientes de ajo, limpios y partidos por la mitad, en aceite de oliva y seguidamente, se hace lo mismo con los garbanzos, las verduras las patatas y las carnes sobrantes del cocido, previamente desmenuzadas.

Todo ha de quedar bien frito.

OLLETA DE SAN BLAS

Plato típico en las fiestas de Bocairent.

Ingredientes para 6 personas:

500 gramos de garbanzos, puestos en remojo la noche anterior
600 gramos de pollo
500 gramos de ternera
125 gramos de tocino
1 hueso con tuétano
3 litros de agua
80 gramos de pan en rebanadas finas
125 gramos de pan rallado
3 huevo duros, picados
3 menudillos de ave
2 huevos
2 pencas de cardo
2 pencas de acelgas
300 gramos de patatas
Para las pelotas: 250 gramos de magro de cerdo, la sangre de una gallina 2 huevos, una cucharadita de canela, un poco de perejil picado, una pizca de sal, 20 gramos de piñones, 50 gramos de manteca de cerdo y pan rallado.

Elaboración:

Para confeccionarlas pelotas se mezcla el pan rallado, la sangre picada del pollo, añadiendo la manteca de cerdo, el magro, los piñones, la canela, el perejil, un poco de sal y dos huevo. Se consigue una masa y con ella confeccionamos las pelotas, aconsejando que no sean excesivamente grandes.

En una olla de barro, con dos litros y medio de agua y algo de sal, se ponen al fuego la carne, el hueso y el pollo y cuando empiece a hervir, se le quita la espuma y se deja cociendo, a fuego moderado, durante veinte minutos. Transcurrido este tiempo, le incorporamos los garbanzos, dejándolos cocer unos veinte minutos más, a continuación se le agregan las pencas de cardo y las pencas de acelgas, cortadas a trozos, las patatas en rodajas gordas y las pelotas. Todo se deja cocer unos quince minutos más. Una vez todo cocido se rectifica de sal y sacamos el caldo para hacer la sopa.

Se debe de servir por separado: primero una sopa, con el caldo de cocción y con rebanadas de pan, menudillos de ave y huevo duro, después las pelotas y por último, el resto del cocido.

POTAJE DE GARBANZOS

Plato tradicional de Utiel.

Ingredientes para 6 personas:

400 gramos de garbanzos, puestos en remojo el día anterior
500 gramos de espinacas
300 gramos de patatas
200 gramos de cebollas
250 gramos tomates
1 litro y medio de agua
150 gramos de aceite de oliva

3 huevos duros	2 hojas de laurel
3 dientes de ajos	Sal
1 cucharada pimentón	

Elaboración:

Se ponen a cocer, en un puchero, los garbanzos con, aproximadamente, un litro y medio de agua. Estos, los deberemos incorporar cuando el agua empiece a hervir, añadiendo las hojas de laurel. A los quince minutos, se añadirán las espinacas limpias y troceadas y, quince minutos más tarde, las patatas cortadas en trozos y la sal. Por separado, en una sartén se prepara un sofrito con el tomate, el ajo, la cebolla picada y el pimentón que se añadirá, junto con el aceite, al guiso.

En el último momento se incorporarán los huevos duros picados.

MORCILLA CON CARDO Y CERDO CON PATATAS

Receta típica, comarca de Segorbe.

Ingredientes para 4 personas:

4 patas o manitas de cerdo	2 pencas de cardo
125 gramos de tocino	400 gramos de alubias
1 rabo de cerdo	500 gramos de patatas
2 morcillas de cebolla	Azafrán
1 morcilla de arroz	Sal

Elaboración:

En un perol o cazuela, con dos litros de agua, se ponen a cocer, a fuego lento, las manitas bien rasuradas y limpias, el rabo, el tocino, junto con las habichuelas y los cardos cortados en trozo. Cuando todo esté cocido ponemos la sal, a gusto y se rectifica de agua, añadiendo las patatas cortadas en gajos y las morcillas. Lo dejaremos cocer, hasta que las patatas estén tiernas.

POTAJE DE LENTEJAS

Ingredientes para 4 personas:

500 gramos de lentejas	1 hoja de laurel
2 zanahorias	1 cucharadita de pimentón
125 gramos de tomate, maduro	125 gramos de aceite de oliva
100 gramos de cebolla	1 litro y medio de agua
4 dientes de ajo	Sal

Elaboración:

Poner las lentejas a remojo, en agua fría, durante unas horas. Seguidamente, en una cacerola, poner las lentejas escurridas, añadirle los ajos sin pelar, el laurel y cubrirlas con agua fría abundante y sin sal. Añadirle las zanahorias peladas y cortadas en cuadritos. Ponerlas a cocer con la cacerola tapada y después empezar a hervir. Tenerlo cociendo durante una hora o algo más, según las lentejas, y lo reservamos.

Aparte, en una sartén, pondremos a calentar el aceite y añadiremos la cebolla picada que estaremos friendo hasta que empiece a dorarse (unos ocho minutos), seguidamente le añadiremos el tomate pelado y cortado en trozos. Refreiremos todo el conjunto y, cuando saquemos la sartén del fuego, le incorporaremos el pimentón.

Lo mezclaremos y pondremos sobre las lentejas, momento en que añadiremos, al gusto, la sal. Dejaremos todo en cocción durante unos minutos ocho o diez, aproximadamente. Serviremos bien caliente.

Nota: En los pueblos del interior de la Comunitat Valenciana se le añaden patatas y chorizo, también morcilla de cebolla.

PUCHERITO DE ENFERMOS

Ingredientes para 4 personas:

400 gramos de garbanzos
500 gramos de jarrete de ternera
600 gramos de gallina
2 zanahorias
1 puerro
2 zanahorias
1 ramita de hierba buena
Agua
Sal

Elaboración:

Se ponen en remojo los garbanzos la noche anterior.

Dispondremos de un puchero adecuado, lleno de agua hasta su mitad y cuando esta comience a hervir se le incorporará la carne junto con los garbanzos y algo de sal. Dejaremos que se cueza hasta que todo esté tierno.

En un recipiente, por separado, se cuecen las verduras troceadas y cuando estén cocidas, se juntará con las carnes y los garbanzos. Rectificaremos, al gusto, de sal. Se continuará cociendo, a fuego lento, durante unos diez minutos, aproximadamente. Se sirve caliente. Hasta principios del siglo XX se vendía en los alrededores de los mercados.

POTAJE JIJONENCO

Ingredientes para 4 personas

250 gramos de garbanzos
250 gramos de judías blancas
300 gramos de patatas
150 gramos de cebolla, picada
125 gramos de aceite de oliva
Unas ramitas de hierba buena
Azafrán
Sal

Elaboración:

Se ponen a remojo las judías y los garbanzos la noche anterior. Empezaremos poniendo a cocer en una olla, garbanzos y judías, en un litro y medio de agua. Cuando ya estén casi cocidas añadiremos las patatas peladas y cortadas a dados y la sal, al gusto. Continuará la cocción.

En una sartén y con el aceite muy caliente haremos un sofrito con la cebolla y lo incorporaremos a la olla, aromatizándolo el guiso con unas ramitas de hierbabuena y una brizna de azafrán.

Se deja cociendo, aproximadamente 30 minutos, hasta que todo esté tierno. Se sirve muy caliente.

GUISADO DE FIESTA MAYOR

Típico de la población de Picanya.

Ingredientes para 4 personas:

1 pollo
250 gramos de magro, picado
250 gramos de ternera, picada
200 gramos de pan rallado
4 huevos
Medio vaso (tamaño de agua), de aceite de oliva
Un vaso de vino blanco, seco
2 hígados de pollo cocidos
2 yemas de huevos duros
1 cabeza de ajos sin pelar
3 dientes de ajo, pelados
50 gramos de almendras tostadas
25 gramos de piñones
1 cucharada de perejil picado
1 cucharadita de canela
1 cucharadita de pimienta blanca
5 gramos de nuez moscada
Un tomate
Una cebolla
Un limón
Sal

Elaboración:

Limpiar el pollo, trocearlo ponerlo en maceración durante dos horas con sal y el zumo del limón. Seguidámente freír el pollo, con el aceite caliente, hasta que se dore. Sacarlo y ponerlo en una cazuela. Colar el aceite con el que se ha sofrito el pollo e incorporarlo a la cazuela. A continuación añadiremos el vino, dejando que cueza un poco. Seguidamente, pondremos agua suficiente hasta que el pollo esté casi cubierto y le añadiremos el tomate, la cebolla y la cabeza de ajos entera. Coceremos, a fuego moderado, durante unos diez minutos, aproximadamente. En un recipiente aparte se pone el resto de carnes picadas, el pan rallado, los cuatro huevos enteros, los dos dientes de ajo picados, la canela, un poco de pimienta blanca, el perejil, los piñones y, al gusto, la sal. Se amasa todo bien y se forman las albóndigas, se incorporan a la cazuela y todo el conjunto se deja cocer durante unos veinte minutos más, aproximadamente. Nota: Este plato mejora al comerlo al día siguiente.

SOPA DE VERDURAS

Ingredientes para 4 personas:

1 litro y medio de caldo de pollo
150 gramos de cebolla
1 puerro lo blanco
2 huevos duros
50 gramos de zanahorias
200 gramos de patatas
200 gramos de remolacha
1 nabo
Unas ramitas de hierbabuena
1 hojita de laurel
1 tacita de nata liquida
50 gramos de crema de tomate
1 cucharadita de azúcar
El zumo de un limón
Perejil
Pimienta negra molida
Sal

Elaboración:

Limpiaremos muy bien las verduras, las trocearemos menudas y las pondremos a cocer en una olla con el caldo de pollo, la hoja de laurel y un pellizco de pimienta negra.

Cuando esté a medio cocer, añadiremos la crema de tomate con un poco de azúcar, el zumo de limón y sal, al gusto, dejándolo seguir cociendo hasta que las verduras estén en su punto. Seguidamente, mezclaremos la nata con un poco de caldo y la incorporaremos, sin dejar de remover, para obtener una completa mezcla. Añadiremos, sobre la sopa, un poco de hierbabuena y huevo duro rallado. Se sirve muy caliente.

Nota: Para el caldo litro y medio de agua, caparazón de pollo, cuello, patas y mollejas.

GUISADO DE FIESTA CON JUDÍAS ROJAS

Ingredientes para 4 personas:

500 gramos de carne troceada (conejo, pollo, pierna de cordero, ternera)
250 gramos de magro, picado
150 gramos de pan rallado
2 huevos
500 gramos de judías rojas, tiernas
60 gramos de pan, en rebanadas
50 gramos de almendras fritas
25 gramos de piñones
1 cucharadita de canela
1 cucharadita de pimienta negra en grano
4 clavos
2 hojas de laurel
Sal

Elaboración:

Ponemos aceite en una cazuela y sofreímos el pan duro junto con las almendras y lo reservamos. Con el mismo aceite sofreímos la carne y la pasamos a una cazuela, con un litro de agua caliente, aproximadamente añadiendo el tomate, la cebolla picada, el laurel, unos granos de pimienta negra y sal. El tomate y la cebolla, previamente los habremos sofrito. En el aceite de este sofrito, sofreímos las judías rojas tiernas troceadas y las incorporamos a la cazuela. Todo lo cocemos a fuego lento procurando que la carne no se deshaga.

Añadiremos, al guisado, el pan y las almendras, los clavo que hemos picado junto con las albóndigas, que previamente, hemos hecho con la carne picada, la canela, el pan rallado, los piñones y los huevos. Añadiendo sal, al gusto.

Dejaremos consumir el caldo hasta que se espese, pero diez o doce minutos antes de ello añadiremos las albóndigas que habremos confeccionado con el magro picado, la canela, el pan rallado, los piñones y los huevos. Este guiso lo dejaremos reposar unos minutos antes de servirlo.

SOPA DE PESCADO

Receta típica de nuestra costa marinera.

Ingredientes para 4 personas:

250 gramos de rape, sin piel ni hueso
100 gramos de arroz
150 gramos de cebolla, picada
150 gramos de tomate maduro, rallado
3 dientes de ajo, pelados y picados
125 gramos de aceite de oliva
1 cucharadita de pimentón
1 hoja de laurel
Azafrán
Sal

Elaboración:

Con las pieles y los huesos del rape haremos un caldo con litro y medio de agua, una vez hecho se cuela y se reserva.

Pondremos, una cacerola al fuego y con el aceite caliente, el rape cortado en trozos que se sofríe. A continuación, se agregan los ajos, la cebolla y el laurel. Cuando empiece a tomar color se incorpora el pimentón y el tomate, que se rehoga bien hasta que haya perdido toda la acuosidad. Llegado este momento se añade el arroz, que se rehoga un poco y se moja con algo más de un litro y cuarto del caldo de pescado reservado, pero que deberá estar caliente. Se pone a punto de sal y se le incorpora el azafrán, dejándose en cocción hasta que el arroz esté cocido.

SOPA CUBIERTA

Receta valenciana, anónima, de 1910.

Ingredientes para 4 personas:

100 gramos de pan duro, de la víspera
4 huevos duros
4 hígados de pollo
2 mollejas de pollo
3 dientes de ajo
1 rama de perejil
Sal
1 litro de caldo, procedente de una olla de cocido

Elaboración:

Lo primero que haremos será cocer los huevos, que se pelan, se separan las yemas de las claras y las yemas se baten con algo de caldo. Cuando estén desleídas, se agregan al caldo del cocido, junto con los hígados y las mollejas, bien picados. A continuación se agrega el perejil desmenuzado y los ajos enteros pelados, cuando estén los menudillos del pollo casi cocidos, se agregaran las claras de los huevos, debidamente fragmentadas, y las rebanadas de pan. Todo lo mantendremos en cocción durante cinco minutos. Se rectifica de sal, al gusto. La sopa estará lista para servida, muy caliente.

SOPA DE COL

Ingredientes para 4 personas:

150 gramos de tocino graso
3 dientes de ajo
150 gramos de cebolla, trinchada
150 gramos de tocino entreverado
1 litro y medio de agua
750 gramos de patatas
1 kilo de col, cortada en trozos
Sal

Elaboración:

Picaremos el ajo con el tocino graso y se depositan en una olla, añadiendo la cebolla, el tocino entreverado, el agua y la sal, a gusto.

Cuando comience a hervir, se incorporan la col y las patatas en dados, no muy grandes.

Todo se cuece, a fuego vivo, durante unos quince minutos y durante otros quince, a fuego lento. Se ajusta de sal, al gusto y se sirve muy caliente.

SOPA DE AJO

Ingredientes para 4 personas:

125 gramos de aceite de oliva
8 dientes de ajo
100 gramos de cebollas
100 gramos de tomate
300 gramos de acelgas, troceadas
1 cucharadita de pimentón
4 huevos
50 gramos de pan, por comensal, cortado en lonchas muy finas tostadas o fritas.
Sal

Elaboración:

En el aceite se fríen los dientes de ajos y se reservan. Con el mismo aceite, se sofríe la cebolla, el tomate trinchado y las acelgas. Una vez rehogados estos elementos, se añaden el pimentón y el agua en cantidad suficiente, un litro y cuarto aproximadamente. Se agregan los dientes de ajo, majados y desleídos en algo de agua caliente. Se sazona el caldo, al gusto, y se deja cocer.

En el último momento, cuatro minutos antes de concluir la elaboración, se escalfa, en el caldo, un huevo por comensal. Concluida la sopa, se bañan las lonchas de pan, tostadas o fritas. Se sirve muy caliente.

SOPA DE ALBÓNDIGAS

Ingredientes para 4 personas:

300 gramos de jamón de york
200 gramos de pechuga de pollo
50 gramos de queso rallado
3 huevos
1 cucharada de perejil picado
2 litros de caldo de gallina
1 cucharadita de pimienta negra, molida
100 gramos de pan rallado
Sal

Elaboración:

Se pican el jamón de York, las pechugas de pollo y el perejil. Se pone todo en un bol junto con el pan rallado y el queso, y se liga el compuesto con los huevos. Se mezclan muy bien todos los ingredientes y creamos unas bolitas del tamaño de una cereza.

A continuación se pone, al fuego, una cacerola con el caldo de gallina y cuando esté hirviendo, se incorporan, con cuidado, las bolitas. Apenas suban a la superficie, se rectifica de sal, al gusto y se deja cocer unos diez minutos más y se sirve la sopa bien caliente.

PASTA

LA PASTA EN VALENCIA

Seguramente las pastas no surgieron, exclusivamente, de Italia. Las conocieron y consumieron también otros pueblos pero nadie puede discutirle a Italia su gloria culinaria al haber difundido la pasta por todo el mundo, de forma y manera que, hoy por hoy, son los platos, y a mucha distancia de todos los demás, que gozan de mayor aceptación en casi todos los países del mundo

¿Trajeron los italianos las pastas a Valencia? Ya Jerónimo Múnser en su libro, Viaje por España y Portugal, 1494-1495, muestra su asombro por la actividad del puerto de Alicante, donde llegaban mercaderes de Europa y en especial de Italia, Génova y Venecia para cargar sus naves de pasas y vinos; y de todos es sabido el gran número de italianos que optaron por avecindarse en aquella ciudad.

José Guardiola, de obligada cita en todo lo que se refiere a la gastronomía y cocina de aquella comarca, al hacer la observación en su Gastronomía Alicantina, y al referirse a la pasta, precisamente, por los muchos descendientes de italianos que habitaban en la ciudad, comenta toda una serie de familias que, por su apellido, denotan su origen italiano. Estos italianos trajeron con ellos, no cabe duda, la pasta desde su tierra y por tanto tenía sobrada razón Guardiola al sustentar que preparados culinarios elaborados con macarrones, canelones o tallarines después de cuatro o cinco siglos de persistencia en la ciudad de Alicante, se podía considerar que habían ganado "carta de naturaleza" en cuanto a su nacionalidad valenciana se refiere.

(Recuerden los letrados, el articulo 17 de nuestro código civil según su vieja redacción: Son Españoles: etc, etc.) En consecuencia, admitiremos que hay una "pasta" que ha adquirido la valencianía por razón de su residencia. Hubo pues en la Comunitat Valenciana "fideus", y hubo "mestre de fideners", que se especializaron en fabricarlos.

Se trataba de una fabricación artesanal, paralela a la que se ha mantenido en Italia en las zonas rurales durante siglos, y de ellas se pueden encontrar rastros en Aragón, Baleares, Cataluña y Valencia.

La "fideguá" es el plato valenciano más significativo a base de fideos.

FIDEGUÁ

Ingredientes para 6 personas:

2 litros de caldo de pescado, previamente hecho con morralla	4 dientes de ajo
600 gramos de fideos	150 gramos de tomate picado
500 gramos de cigalas	Una cucharadita de pimentón
250 gramos de gambas	1 hebra de azafrán
600 gramos de rape	Sal
150 gramos de aceite de oliva	

Elaboración:

Colocamos una paellera al fuego con el aceite y cuando veamos que está caliente sofreímos, en ella, el rape, las cigalas y las gambas con algo de sal, a continuación se le añaden el pimentón y el tomate. Una vez conseguido el sofrito añadiremos el caldo, que tenemos reservado, y lo dejaremos cocer durante quince minutos.

Cuando empiece a hervir el caldo se incorporan los fideos, el azafrán y se rectifica de sal. Se deja hervir entre dieciséis o dieciocho minutos, pasado ese tiempo tendremos realizado tan suculento plato.

FIDEOS CON CONEJO Y ANGUILAS

Ingredientes para 6 personas:

600 gramos de fideos gordos	8 dientes de ajo
1 kilo de conejo tierno	1 cucharadita de pimentón
500 gramos de anguilas	1 litro de agua
150 gramos de aceite de oliva	Perejil
4 alcachofas	Limón
125 gramos de cebolla	Azafrán
250 gramos de tomate maduro	Sal

Elaboración:

Separar las hojas exteriores de la alcachofa y cortarlas en cuartos. Ponerlas en agua y escurrir en ella un limón, esto evitará que se hagan negras. Trocear el conejo en pequeños trozos. Limpiar y trocear las anguilas, que reservamos. Aparte sofreír el conejo en una cazuela de hierro, hasta que esté bien dorado. Picaremos la cebolla y tres dientes de ajo y una vez bien picados los incorporamos a la cazuela junto con las alcachofas y el tomate, añadiremos el pimentón procurando que no se queme.

A continuación añadimos el agua y lo tenemos hirviendo unos quince minutos, rectificamos de sal y añadimos, ahora, las anguilas y a continuación los fideos y el azafrán.

Aparte hemos picado, en un mortero, los cinco dientes de ajo que nos restaban y el perejil, esto lo podemos suavizar con un poco del caldo que ya tenemos.

Cuando esté apunto de consumirse todo el caldo repartiremos, por encima de los fideos, el condimento que hay en el mortero.

Ya falta muy poco, esperaremos a que se seque todo el caldo y lo dejaremos reposar unos cinco minutos.

CAZUELA DE FIDEOS

Ingredientes para 4 personas:

250 gramos de cebolla picada
50 gramos de tomate frito
150 gramos de aceite de oliva
1 cucharadita de pimentón
500 gramos de "costillejas" de cerdo
1 litro y cuarto de agua
350 gramos de fideos gordos
2 hojas de laurel
3 dientes de ajo, picado
Pimienta negra
Azafrán
Sal

Elaboración:

Se fríen las "costillejas", salpimentadas junto con las hojas de laurel. Se le añaden los ajos y la cebolla. Cuando empiece a dorase incorporamos el tomate frito y el escurrido del aceite de la fritura. Se añade agua y se deja cocer todo a fuego lento, durante unos diez minutos, aproximadamente.

Cuando empiece a hervir se adicionan los fideos, con algo de sal y se rebaja el fuego para que todo se cueza, durante unos veinte minutos o algo más. Se debe vigilar el guiso, incorporando agua caliente a medida que los fideos pierdan liquido de cocción, añadimos el azafrán y rectificamos de sal. Nos deberán quedar ligeramente jugosos.

FIDEOS NEGROS

Ingredientes para 5 personas:

200 gramos de cebolla picada
1 pimiento verde cortado en tiras
150 de aceite de oliva
500 gramos de calamares limpios y troceados, reservando las bolsas de tinta
500 gramos de fideos
4 dientes de ajos picados

100 gramos de tomate maduro rallado	**2 litros de caldo de pescado de morralla**
250 gramos de rape, limpio y troceado	**Azafrán**
	Sal

Elaboración:

En una cazuela de hierro se prepara un sofrito con la cebolla y el pimiento verde. Se agregan los calamares; después, los trozos de rape y, a continuación, el tomate. Se remueve el conjunto para que fragüe bien el sofrito y se mantiene, a fuego moderado, durante cinco minutos. Mientras tanto, se lleva a ebullición el caldo de pescado y se mantiene caliente a fuego lento. Se agregan los fideos a la cazuela y se remueven para que se empapen de salsa.

Se colocan las bolsa de tinta en un colador y éste sobre el guiso; se machacan con una cuchara las bolsas y se echa un poco de agua para extraerles toda la tinta. Se remueve el fondo para que ésta se incorpore a la salsa. Se van agregando, poco a poco, tazas de caldo de cocción, hasta agotarlo. Siempre estaremos removiendo el guiso, pues los fideos han de quedar tiernos y empapados.

ALMEJAS CON FIDEOS GORDOS

Ingredientes para 6 personas:

1 kilo de almejas	**1 cucharada de perejil, picado**
500 gramos de fideos	**125 gramos de aceite de oliva**
4 dientes de ajo	**100 gramos de cebolla picada**
Medio vaso de vino blanco	**Sal**

Elaboración:

En una cazuela puesta al fuego y con el aceite caliente, sofreímos el ajo con la cebolla, cuando estén dorados, le incorporamos los fideos, con el vino blanco y medio litro de agua con algo de sal.

A media cocción, añadiremos, las almejas y el perejil, hasta que los fideos estén cocidos. Se rectifica de sal y se sirven. El plato deberá quedar algo caldoso.

Lo dejaremos reposar unos cinco minutos.

COCAS Y GACHAS

TORTAS DE CACAHUETES

Ingredientes:

Un vaso de aceite de oliva Un vaso de agua Harina suficiente para hacer una masa suave, ni blanda ni dura	200 gramos de cacahuetes pelados, crudos y medio picados Sal, a gusto

Elaboración:

Con el aceite, el agua, la harina y la sal, se hará una masa que trabajaremos, con insistencia, hasta obtener un producto consistente y fino y que se dejará reposar durante una hora y media.

Seguidamente, volveremos a trabajar la masa añadiéndole el cacahuete poco a poco, hasta mezclarlo bien en ella. Después la cortaremos en pedazos iguales que aplanaremos para hacer unas tortitas de unos diez o doce centímetros de diámetro y no muy gruesas. Formadas las tortas, se pinchan seis o siete veces con un tenedor, y se ponen al horno sobre latas de asar.

COCA CON CEBOLLA

Receta autóctona de Oliva, facilitada por su Exmo. Ayuntamiento.

Ingredientes:

3 tazas de agua La harina que admita 1 pellizco de sal 1 kilo y medio de cebollas	Las cáscaras de las cebollas 800 gramos de "tonyina" (atún en salmuera) 150 gramos de pimientos rojos

Elaboración:

En primer lugar, cortaremos la cebolla en trocitos y la dejamos reposar hora y media. La enjuagaremos en abundante agua y se escurrirá. La noche anterior se habrá puesto la "tonyina" en remojo para desalarlo. Desmenuzaremos el atún y lo mezclaremos con el pimiento rojo y la cebolla. Se rectificará de sal.

Para la pasta, se pondrá a hervir agua con las cortezas de las cebollas, cuando hierva el agua se pondrán la sal y un poco de aceite. Rápidamente se añadirá la harina que se removerá sin parar, bajando el fuego al mínimo. Una vez que todo esté bien mezclado se pondrá la masa encima del banco y se procederá a amasarla con las manos, untadas en aceite, hasta que la pasta quede fina. La bandeja del horno se untará con aceite y acto seguido extenderemos la pasta. Levantar un poquito las orillas y pondremos la mezcla encima. Se bañara con un poco de aceite de oliva la mezcla. Añadiremos unos pellizcos de orégano sobre la coca y, rápidamente, se llevará al horno, que deberá estar a una temperatura de 180 grados. El tiempo de cocción deberá ser de unos 20 minutos, aproximadamente.

PASTELITOS DE ACELGAS

Ingredientes:

2 manojos de acelgas bien lavadas
100 gramos de aceite de oliva
500 gramos de harina
3 huevos duros
200 gramos de bacalao o atún en aceite
Sal

Elaboración:

En primer lugar haremos la masa. Para ello, en un bol juntaremos: un vaso de aceite de oliva virgen, otro de agua, sal a gusto y la harina que haga falta para poder obtener una masa consistente, no dura y bien trabajada. El relleno será el siguiente: las acelgas, hervidas, escurridas y muy picadas, se sofríen con 3 dientes de ajo pelados y picados, se agregan los huevos hervidos, cortados en trocitos y un poco, al gusto, de bacalao o de atún. Puede añadirse un puñado de piñones. Si se quiere picante, se añade al sofrito unos trocitos de guindilla, con prudencia.

La masa se va cortando en porciones iguales, dándoles forma esférica para aplanarlas y sacar tortas finas redondas. Sobre cada media tortita se coloca una cucharada del sofrito descrito. La otra parte, de la tortita, se dobla sobre el relleno y se forma el pastel, para ello, uniremos ambos bordes apretándolos y pellizcándolos.

En algunas comarcas sustituyen el bacalao por el atún o por gambitas de río que fritas quedan muy gustosas.

EMPANADILLAS CON PISTO

Receta de Mari Carmen Calabuig, Alboraia.

Ingredientes:

Medio litro de cerveza
Medio litro de aceite de girasol
Harina la que admita
500 gramos de cebolla
200 gramos de pimientos verdes
600 gramos tomates, maduros
1 huevo
Sal

Elaboración:

Con el aceite de girasol, la cerveza, la sal al gusto y la harina que haga falta para obtenerla, haremos una masa consistente, no dura, y bien trabajada.

El pisto lo haremos con la cebolla, el pimiento verde y el tomate todo bien frito.

La masa se va cortando en porciones iguales, dándoles forma esférica para aplanarla y sacar tortas finas redondas. A cada tortita, encima, se le pone con una cuchara una porción de pisto. La otra parte de la tortita se dobla sobre el relleno y se forma la empanadilla, uniendo ambos bordes apretándolos y dándoles un pellizco a fin de unirlos.

Se pinta con huevo y se cuecen en horno caliente, a ciento ochenta grados. Es un pastel salado, delicioso.

TORTA DE HUEVOS Y CEBOLLAS

Torta típica de Benicull.

Ingredientes:

2 kilos de cebollas cortadas en plumas
8 huevos
Para la masa:
1 vaso de cerveza
1 vaso de aceite
125 gramos de aceite para freír la cebolla
Harina la que admita (más bien blanda)

Elaboración:

Se mezclan los ingredientes para hacer la pasta y se coloca en un molde plano, no muy hondo. A continuación se pone en el horno. Cuando está casi cocida se saca y se incorpora la cebolla frita, escurrida de aceite. Batimos los huevos que ponemos sobre ella y se vuelve a poner otra vez en el horno hasta que los huevos estén bien cuajado.

TORTAS DE HIERBAS

Torta típica de Chella.

Ingredientes:

Hierbas finas: cardicos santos, hinojo tierno, lenguas de pajarico, blendeta, conillets, rosillas y espinacas
4 huevos duros
200 gramos de bacalao en trocitos desalado
2 manojos de ajetes tiernos

Elaboración:

Se hierven las hierbas y, escurridas, se fríen con los ajetes tiernos. Se le añade el bacalao desmigado y los huevos duros troceados.

En un recipiente colocar la harina con un pellizco de sal, en forma de montaña y con un hueco en el centro. Poner agua a hervir y con ella bañar la harina. Remover con una cuchara de madera. Cuando se endurezca, acabar de amasar con la mano, ayudándose con un poco de agua tibia. En una piedra de mármol, untada con aceite extender la masa con un rodillo, formando unas tortas redondas y muy finas. Las tortas son como empanadillas gigantes. Se rellenan, se pintán con huevo batido y se ponen en el horno. Tienen que quedar bien doraditas.

MIGAS DE PASTOR

Receta de Mari Carmen García López, de Sueca.

Ingredientes para 4 personas:

1 kilo de pan casero cortado en trocitos y remojado
300 gramos de aceite de oliva
200 gramos de chorizo
1 cabeza de ajos
200 gramos de harina de trigo
Sal

Elaboración:

Calentar en una sartén el aceite de oliva e incorporarle el chorizo y los ajos ambos troceados, una vez estén a medio freír agregar la sal y el pan remojado y escurrido. A continuación añadir la harina y remover, a fuego lento, hasta que las migas de pan se hayan tostado y secado.

GACHAS DE GUIJAS

Ingredientes:

150 gramos de tocino
200 gramos de sémola de guijas
3 longanizas valencianas
8 cucharadas de aceite de oliva
5 dientes de ajo
100 gramos de tomate, frito
Media cucharada de pimentón
Sal

Elaboración:

En una sartén se fríe, hasta que estén dorados, el tocino y las longanizas cortados en dados y se reservan una vez sazonados.

En la misma sartén se sofríen los ajos cortados a laminas y a continuación se añade la sémola, con mucho cuidado a fin de que no se queme. También, pondremos, el tomate y el pimentón, siempre removiendo con cuchara de madera. Se añade agua, en cantidad suficiente para cubrir los demás elementos, diluyendo, en la misma, la sémola. Ahora, se incorporan el tocino y las longanizas. Se prueba el contenido de sal, y se rectifica, si es preciso. Se deja la sartén al fuego durante diez minutos más. (Se debe utilizar un caldero de cobre o una sartén de bordes altos)

GACHAS MIGAS

Típicas de algunos pueblos de la montaña alicantina.

Ingredientes:

50 gramos de aceite de oliva	**Agua**
5 dientes de ajo	**Sal**
Harina de trigo	

Elaboración:

En una sartén y, con el aceite caliente, vamos sofriendo los ajos y, entonces, poco a poco, se va incorporando la harina de trigo, que iremos bañando con agua, hasta formar una masa pastosa que al despegarse de la sartén, le iremos dando vueltas, y freiremos, por ambas caras, hasta que adquiera un color tostado oscuro.

Servirla más bien blanda.

GACHAS MIGAS DE PANIZO

Receta típica de Torrebaja, Rincón de Ademuz.

Ingredientes:

200 gramos de harina de panizo	**200 gramos de tocino**
1 kilo de hígado	**1 litro de agua, aproximadamente**
150 gramos de aceite de oliva	**Sal**

Elaboración:

Se pone una sartén nada profunda o caldero de cobre al fuego y cuando empiece a hervir el agua, le incorporamos la harina de panizo. Con un cucharón de madera se hace una cruz y se le pone sal, al gusto.

Se deja hervir sobre cuarenta minutos o algo más y se retira la sartén del fuego, removiendo su contenido, hasta que quede espeso. Una vez espeso, cuando no

Acelgas con Patatas (ver pág. 46)

Cardos en Salsa (ver pág. 41)

Pimientos Rellenos (ver pág. 34)

Empanadillas de Pisto (ver pág. 109)

Berenjenas al Horno con Magro (ver pág. 35)

Alcachofas Fritas (ver pág. 30)

Alcachofas a la Crema de la Abuela (ver pág. 29)

Alcachofas Cocidas Rellenas de Atún (ver pág. 30)

Alcachofas Cocidas en Aceite (ver pág. 28)

Tortilla de Patatas (ver pág. 18)

Habas Cocidas (ver pág. 36)

Habitas Fritas con Morcilla (ver pág. 36)

Habitas con Chipirones (ver pág. 37)

Menestra de Verduras (ver pág. 43)

"Parada del Mercat Central de València"

Pisto (ver pág. 44)

"Mercat Central de València"

Berenjenas con Vino Blanco (ver pág. 35)

Setas Escabechadas (ver pág. 46)

Coliflor Gratinada (ver pág. 43)

Guisantes con Cebolletas y Huevo

Setas con Tomate (ver pág. 45)

Hervido Valenciano (ver pág. 40)

Parrilada de Verduras

Pericana (ver pág. 31)

Revuelto de Calabazin y Gambas

Patatas con Pimientos y Panceta(ver pág. 44)

queda nada de caldo, se degusta. En días de matanza se le incorpora hígado de cerdo frito con ajos y tocino. También se le pueden añadir caracoles fritos, con ajos picados y algo de agua.

EMPANADA DE DÁTILES CON PANCETA

Receta de Teresa García, Elche.

Ingredientes:

2 planchas de hojaldre
500 gramos de dátiles gordos y jugosos
200 gramos de panceta, cortada muy fina
25 gramos de nata
1 huevo
Harina

Elaboración:

Espolvorear el banco de mármol con harina y extender una de las planchas de hojaldre con el rulo. Colocarlo en una placa de horno sobre papel de grasa y pinchar el hojaldre con un tenedor. Colocarle encima los dátiles, partidos a lo ancho, cortados finos y con la nata.

Preparamos la otra plancha de hojaldre, idéntica a la anterior, y la colocamos encima de los dátiles y el bacón, también la pinchamos un poco para que no suba mucho, las sellamos haciéndole un dobladillo alrededor y las pintamos con el huevo batido, con la ayuda de una brocha.

Precalentamos el horno a 200 grados y metemos la empanada alrededor de 25 minutos en el centro del horno. Procurar no abrirlo pues evitaríamos el que suba la masa.

PESCADOS Y ANGUILAS

BORRETA DE BACALAO

Receta de la montaña Alicantina. Alcoi.

Ingredientes para 4 personas:

250 gramos de bacalao
500 gramos de coliflor
600 gramos de patatas
1 manojo de ajetes limpios
4 ñoras
Azafrán
Sal

Elaboración:

Se pone el bacalao en remojo la noche anterior cambiándole varias veces el agua.

Poner una cazuela al fuego, con litro y medio de agua depositando, en ella, las patatas y la coliflor, troceadas, así como el bacalao en trozos, los ajos tiernos, también troceados, y las ñoras.

Cuando esté hirviendo se añade el aceite crudo, el azafrán y la sal.

Se deja cocer hasta que las patatas estén en su punto y se rectifica de sal si le hiciera falta.

ALBÓNDIGAS DE BACALAO EN SALSA

Ingredientes:

600 gramos de bacalao
250 gramos de pan rallado
3 huevos
Una cucharada de perejil, picado
4 dientes de ajo
Aceite de oliva, abundante para freírlas
Limón
Pimienta molida, blanca
Azafrán
Sal

Elaboración:

Lo primero que haremos será desalar el bacalao, cambiándole el agua varias veces, y le quitaremos las espinas y lo desmigaremos. Se desmenuza y escurre muy bien. Sobre él se pican el ajo y el perejil. A continuación se añade el azafrán, la pimienta, el pan rallado y los huevos, un poco batidos y, todo el conjunto, se amasa. Con esta masa haremos unas bolas del tamaño de una nuez o un poco más grandes. Recomendamos que para elabórarlas es lo mejor es untarse las manos con zumo de limón o vinagre. Después de elaboradas se fríen. Una vez fritas se sacan y se incorporan a una cacerola, se cubren de agua y se añade un poco del aceite donde hemos frito las albóndigas. Deberán cocer a fuego moderado durante cuarenta minutos, aproximadamente, para que se queden bien esponjosas.

AJO ARRIERO

Al estilo de Hernández, Requena.

Ingredientes para 6 personas:

400 gramos de bacalao, cocido
1500 gramos de patatas cocidas y bien picadas
5 yemas de huevo, crudas
3 dientes de ajo machacado
Aceite, el que admita

Elaboración:

Ponemos todos los ingredientes, excepto el aceite, en un mortero y los mezclamos con la maza. El aceite lo iremos agregando, poco a poco, hasta conseguir una pasta. El agua, donde hemos cocido el bacalao, no la tiramos por si nos hiciera falta agregarla a la pasta, a fin de darle una textura deseada.

FILETES DE BACALAO FRESCO REBOZADO

Ingredientes para 4 personas:

500 gramos de bacalao
250 gramos de harina
2 huevos batidos
1 vaso de agua con gas, si fuera sifón mucho mejor
2 dientes de ajo, muy picados
1cucharadita de perejil, picado
Aceite de oliva, abundante
Sal

Elaboración:

El bacalao una vez limpio y sin espinas se corta en filetes, se sazona y se reserva.

En un recipiente adecuado ponemos la harina, el huevo batido, el agua con gas sifón, el perejil y algo de sal. Todo el conjunto lo batimos bien hasta conseguir una pasta homogénea. A continuación, disponemos una sartén con abundante aceite y, cuando esté fuerte, freímos los filetes de bacalao rebozados en la pasta.

Se pueden acompaña con un frito de tomate y cebolla.

BACALAO A LA "CASSOLA"

Ingredientes para 4 personas:

8 trozos de bacalao de 100 gramos cada uno, aproximadamente
3 rebanadas de pan frito
500 gramos de cebolla
3 dientes de ajo
60 gramos de manteca de cerdo
6 pimientos choriceros puesto en remojo la víspera
125 gramos de aceite de oliva
2 yemas de huevo duro
Sal

Elaboración:

El bacalao lo ponemos en remojo veinticuatro horas antes, cambiándole el agua, mas de dos o tres veces.

En una cazuela, con aceite y manteca, freiremos las rebanadas de pan, y las reservamos; sofreímos los ajos y la cebolla picada, y cuando esté un poco dorada añadiremos las yemas de los huevos duros. A los pimientos choriceros le sacaremos la molla rascándolos con un cuchillo; los pondremos en el sofrito y haremos una salsa. Pondremos entonces a hervir el bacalao en una cazuela con agua fría y cuando levante el hervor lo sacaremos y dejaremos enfriar para quitarle las espinas y la piel. Lo meteremos, en seguida, en la salsa con el pan frito machacado y lo dejaremos cocer durante quince minutos a fuego moderado. Hay que tener cuidado para evitar que se pegue al fondo de la cazuela.

BACALAO DEL CARRETERO

Ingredientes para 6 personas:

2 kilos de bacalao de un buen grosor
1 kilo de cebolla
6 dientes de ajo
200 gramos de aceite de oliva
1500 gramos de tomate maduro, triturado

Elaboración:

El bacalao se pone en remojo durante veinticuatro horas, debiendo cambiarle el agua varias veces. Cuando se retire del remojo deberemos exprimirlo bien procurando que quede muy escurrido. Se desmiga, en pellizcos, lo suficientemente grandes para que no se deshagan y se reservan.

En una cazuela de hierro se pone el aceite y cuando esté caliente, se incorporan la cebolla con los ajos, picados previamente, y se sofríen un poco; seguidamente se le añade el tomate triturado, hasta que esté frito. A continuación se incorporan las migas de bacalao y se mantienen a fuego moderado durante unos quince minutos. Lo probamos de sal y lo dejamos a nuestro gusto.

"GIRABOIX"

Plato típico de Xixona y de otras poblaciones de la Sierra de Mariola.

Ingredientes:

- 200 gramos de patatas
- 500 gramos de pencas (la parte blanca de las acelgas)
- 200 gramos de aceite de oliva
- 500 gramos de bacalao
- 125 gramos de judías blancas, puesta en remojo la víspera
- 4 rebanadas de pan
- 2 morcillas de carne
- 1 "blanquet" (embutido típico)
- 10 dientes de ajo
- 4 huevos duros
- 1 yema de huevo
- 1 tomate maduro
- 2 ñoras
- Sal

Elaboración:

Las dos primeras acciones que haremos serán tostar y desmenuzar el pan y, en un mortero, conseguir un bravo "allioli" con los ajos, la yema del huevo y aceite de oliva. Los reservamos

En una olla, puesta al fuego, se colocan las judías y, cuando estén cocidas, se añaden el bacalao, las pencas y la cebolla; cuando se consideren cocidos, estos elementos, se agregan las patatas cortadas en rodajas, los embutidos, los huevos duros, también cortados en ruedas, las ñoras, limpias de semilla y se todo ello se deja en cocción durante media hora.

Sacamos la olla del fuego y, en una fuente, se colocan las patatas, las judías, las pencas, el bacalao, la cebolla y los dos huevos duros cortados en rodajas. El conjunto lo podemos bañar con dos cucharadas de "allioli", previamente disueltas en el caldo de cocción.

POTAJE CON BACALAO

Ingredientes para 4 personas:

- 400 gramos de garbanzos
- 6 manojitos de espinacas
- 200 gramos de bacalao
- 4 dientes de ajo
- 125 gramos de tomate picado
- 150 gramos de cebolla
- 125 gramos de aceite de oliva
- 1 cucharada rasa de pimentón
- 1 cucharada sopera de harina
- 1 hoja de laurel
- Sal

Elaboración:

Los garbanzos y el bacalao los tendremos en remojo desde el día anterior, pero por separado. Se ponen a hervir los garbanzos; cuando estén cocidos, se les añaden las espinacas, a las que previamente habremos lavado muy bien y quitado sus tallos gruesos y se escurren, haremos lo mismo con el bacalao, desmenuzado, y se incorporan a la olla con la hoja de laurel.

Aparte sofreiremos, en una sartén, con el aceite caliente, la cebolla picada, el tomate y el ajo también picado; cuando estén sofritos añadiremos la harina y el pimentón, muy de prisa para que no se queme, y colocaremos el sofrito en la olla con las espinacas y los garbanzos. Lo aderezamos, al gusto, de sal.

BACALAO CON TOMATE

Ingredientes para 4 personas:

500 gramos de bacalao	**Harina**
750 gramos de tomate maduro	**2 huevos batidos**
175 gramos de aceite de oliva	**Sal**

Elaboración:

Ponemos en remojo el bacalao el día anterior cambiándole el agua varia veces.

Se saca el bacalao del agua y se deja escurrir. El bacalao se corta en trozos medianos y se pasa por harina y huevo batido. Se pone una sartén al fuego con el aceite y, en ella, se fríe el bacalao.

Después de frito se retirará de la sartén y, en el mismo aceite, se fríe el tomate a fuego moderado. Una vez frito el tomate se mezcla con el bacalao en una cazuela de barro. Se sazona, si es necesario, al gusto de sal.

BACALAO A LA ALICANTINA

Receta tomada del libro de Teodoro Bardají.

Ingredientes para 4 personas:

1 kilo de lomos de bacalao cortado en 4 trozos
750 gramos de cebolla
3 dientes de ajo
Aceite abundante para freír el bacalao
Harina
200 gramos de puré de tomate

Elaboración:

Puesto a remojo el bacalao, según se ha indicado en las anteriores recetas, y a su debido tiempo se escurre, se escaman los trozos y, pasados por harina, se fríen en aceite de oliva caliente, dejándolos escurrir. Aparte con el aceite en que hemos frito el bacalao, que pasaremos por un colador para suprimir el sedimento que dejó la harina, se fríen las dos cebollas cortadas por la mitad y tres dientes de ajo. Una vez frita la cebolla, dorada sin exceso, se le incorpora un puré de tomate bastante líquido y se deja cocer el conjunto durante diez minutos, aproximadamente,consiguiendo una salsa.

En cazuela de barro, se prepara este plato comenzando por cubrir el fondo del mismo con una ligera capa de salsa; sobre ella, otra de lonchas de patatas, cocidas de antemano con piel y montadas y cortadas en rodajas un poco gruesas. Sobre las patatas pondremos los trozos de bacalao y, todo cubierto con la salsa de tomate, se salpica de abundante perejil picado y se pone a cocer un cuarto de hora en la misma cazuela. Se deberá servir muy caliente.

Notas: La salsa de tomate debe estar bien preparada con objeto de que al finalizar la operación resulte el plato bastante jugoso, pero no excesivamente caldoso. Las patatas es indispensable que estén cocidas, pues en caso de ponerlas crudas se escorcharían a causa del ácido del tomate, además de que el tiempo de cocción, que hemos indicado, no sería suficiente.

JUDÍAS CON BACALAO

Típica receta cuaresmal valenciana.

Ingredientes para 4 personas:

800 gramos de bacalao	**1 tallo de hierbabuena**
400 gramos de judías blancas	**175 gramos de aceite de oliva**
300 gramos de tomate, maduro	**3 rebanadas de pan frito**
4 dientes de ajo	**Sal**

Elaboración:

El bacalao y las judías las tendremos en remojo y por separado desde la víspera del guiso. Seguidamente se colocan en una cacerola con el agua fría y suficiente para cocer las judías. Cuando estén cocidas, se retiran y se dejan enfriar en su misma agua.

Por separado, se pone en una cazuela el aceite y dos dientes de ajo y se calientan hasta que se doren los ajos. Se sacan los ajos, que reservamos, y se añade los tomates pelados y muy bien picados. Se incorporan los otros dos dientes de ajo, picados, y todo se deja cocer, a fuego moderado, durante unos ocho minutos. Pasado este tiempo se agregan el bacalao, cortado en trozos, las judías blancas y la hierbabuena, los otros dos ajos reservados y el pan frito, previamente, majado en el mortero. Rectificaremos de sal, aunque es posible que no le haga falta ya que al bacalao siempre le queda algo de sal.

MERLUZA CON SALSA VERDE

Ingredientes para 6 personas:

1 merluza de un peso aproximadamente 1200 gramos
3 cucharadas de perejil picado
500 gramos de cebolla picada
4 dientes de ajo
12 almendras crudas
50 gramos de piñones
2 cucharadas de harina
175 gramos de aceite de oliva
Sal

Elaboración:

En agua fría y con sal pondremos al fuego la merluza bien limpia, sin espinas y cortada en seis trozos. Cuando levante el primer hervor, la dejaremos en cocción, durante unos doce minutos, a fuego moderado.

Aparte, en una cazuela sofreímos los ajos y la cebolla; en un mortero picaremos las almendras crudas, los piñones y el perejil con algo de sal y, todo ello, lo incorporamos a la cebolla sofrita, añadiendo la harina, previamente disuelta, con un poco del agua en que hemos hervido la merluza conseguiremos una deliciosa salsa. Finalmente, escurriremos la merluza que será colocada sobre una fuente y la bañaremos con la salsa.

BESUGO AL HORNO

Ingredientes para 4 personas:

1 besugo grande de kilo y medio o dos de 1 kilo
250 gramos de tomate
400 gramos de cebolla
500 gramos de patatas
4 dientes de ajo
Unas ramitas de perejil
125 gramos de aceite de oliva
1 limón
2 hojas de laurel
Sal

Elaboración:

Lo primero que haremos será pelar las patatas, luego se lavan y se cortan en rodajas no muy gordas, lo mismo haremos con la cebolla. Se limpia el besugo de escamas, agallas y tripas. Una vez limpio, en el lugar de las tripas, colocamos una hoja de laurel y una pizca de sal.

Con las patatas, la cebolla y la otra hoja de laurel partida y algo de sal, confeccionamos un lecho que se pondrá en una cazuela de barro o besuguera refractaria. Encima se coloca el besugo con tres cortes diagonales y en cada uno de ellos se introduce media rodaja de limón y se baña de aceite y sal, así como más patatas y cebolla. Se introduce en el horno caliente, a ciento ochenta grados y se deja en cocción durante cuarenta minutos, aproximadamente.

NOUGAT DE RAPE ALTEANO

Ingredientes para 4 personas:

1 kilo de rape
1 kilo de patatas menudas
175 gramos de aceite de oliva
12 almendras fritas
4 dientes de ajo, picados
Un vaso de agua
1 cucharada de pimienta negra en grano
50 gramos de piñones
1 pimiento rojo
2 ñoras
150 gramos de tomate maduro
Guindillas, a gusto
Sal

Elaboración:

Preparamos una picada con los ajos, la pimienta negra en grano, las almendras, las guindillas en trozos y las ñoras. Aparte picaremos un pimiento rojo y aparte-también, el tomate maduro.

En una cazuela de barro o de hierro, con el aceite caliente, se sofríen unas patatas menudas (o cortadas a cantero) y cuando ya estén doradas, se añade el pimiento picado y, cuando este empiece a dorase, le agregamos el tomate. Todo el conjunto se sofríe bien, se remueve y se añaden los trozos de rape con sal y un vaso de agua, o un poco más. Cuando esté cociendo unos minutos le incorporamos la picada con los piñones. Debe cocer primero a fuego suave y luego, añadiremos más agua si es preciso, a fuego fuerte, hasta que esté cocido el pescado y quede la salsa bien trabada y densa. Rectificaremos de sal, al gusto.

PESCADITOS FRITOS

Ángel Muro escribía pescaditos fritos con aceite de la Sierra de Espadan, "Monyicá" y "Aladrós" en su libro el "Practicón".

Ingredientes

Boquerones
Calamares
"Lluset"
Palaya
Burro
Harina
Aceite
Sal

Elaboración:

Se pone una sartén con abundante aceite a fuego y cuando esté caliente, se fríen los pescaditos, sazonados y pasados por harina. Una vez fritos se deben escurrir sobre papel absorbente.

Se deben comer calientes.

BONITO CON CEBOLLA

Ingredientes para 6 personas:

1200 gramos de bonito en 6 trozos
400 gramos de cebolla
5 dientes de ajo
175 gramos de aceite de oliva
3 hojas de laurel
15 gramos de pimienta negra, en grano
1 vaso de vino blanco
Sal

Elaboración:

En una sartén, con el aceite caliente se rehoga la cebolla en juliana y se añaden los dientes de ajo, cortado en láminas y las hojas de laurel.

Cuando la cebolla esté rehogada con el ajo, se riega con el vino blanco y añadiendo la pimienta negra se deja reducir. Será la base de la fuente.

En una fuente honda, para horno, se coloca el bonito dividido en seis trozos. Los sazonamos de sal y los incorporamos sobre el contenido de la sartén.

Se hornea, a temperatura media de 180 grados, durante catorce minutos.

BONITO CON TOMATE

Ingredientes para 6 personas:

1200 gramos de bonito en 6 trozos
1500 gramos de aceite de oliva
1500 gramos de tomate, maduro
500 gramos de cebolla, picada
3 dientes de ajo
1 cucharadita de pimienta molida, blanca
1 cucharadita de azúcar
Sal

Elaboración:

En primer lugar se fríen los ajos picados y la cebolla, se añade el tomate pelado y troceado, se sazonan con sal, pimienta molida blanca, azúcar (para quitar acidez a los tomates) y se deja cocer, a fuego moderado, hasta que se reduzca el caldo del tomate.

En una cazuela, de hierro o de barro, y en un poco de aceite caliente, freímos los lomos de bonito sazonados con sal. Los freímos, dándoles la vuelta, rápidamente, para que no se pasen. A continuación se le agrega el tomate y lo dejamos cocer dos o tres minutos y ya está listo para ser servido. Se puede acompañar con unas patatitas cocidas.

GUISO MARINERO VALENCIANO

Receta típica del Cabanyal, Valencia.

Ingredientes para 6 personas:

- 200 gramos de rodaballo
- 300 gramos de rape
- 300 gramos de merluza
- 300 gramos de mero
- 1500 gramos de aceite de oliva
- 1 cebolla entera
- 3 dientes de ajo
- 1 cucharada de pimentón
- 2 hojas de laurel
- 2 kilos de patatas, troceadas en rodajas
- 1 litro y medio de agua
- 1 copa de vinagre

Elaboración:

Empezaremos cociendo, en agua natural, una cebolla entera, el laurel y un poco de sal.

Las patatas, previamente cortadas, se ponen a cocer en una cazuela con abundante agua. Cuando estén blandas se les agrega el pescado troceado y se deja que continúe cociendo, procurando que no se pase de punto. Una vez cocido, se quita casi toda el agua. Aparte, se calienta aceite en una sartén y cuando tenga la temperatura adecuada se incorporan los ajos, a los que, una vez dorados, se añadirá el pimentón y el vinagre. Los dejaremos a fuego moderado durante algún minuto.

Pasados estos, se bañan las patatas y el pescado con la salsa y los dejamos cocer unos minutos más. El plato estará listo para ser servido.

BONITO AL HORNO

Antigua receta recopilada por el Ayuntamiento de Oliva.

Ingredientes:

- 1 bonito en salazón
- 500 gramos de patatas
- Aceite de oliva
- Piñones,
- Pimentón
- Laurel
- Canela
- Pimienta negra, molida
- 2 cabezas de ajo
- Perejil
- 2 tomates cortados a trozos
- Sal

Elaboración:

Disponer el bonito, previamente cortado en filetes, en remojo durante veinticuatro horas antes de preparar el plato. Cortad las patatas a rodajas. Con ellas haremos una cama en la cazuela sobre la que, en primer lugar, colocaremos el bonito y a continuación el tomate.

Haremos una mezcla con los ajos picados, la hoja de laurel troceada, el perejil picado, los piñones, el pimentón, la canela y la pimienta.

Esa mezcla la espolvorearemos sobre la cazuela. A continuación, se regará con aceite y se añadirá un poco de agua y algo de sal.

Se coloca en el horno durante media hora. Primero a temperatura fuerte, después, cuando la cazuela esté caliente, se rebajará la temperatura.

RAPE CON PATATAS

Ingredientes para 4 personas:

1200 gramos de rape limpio a trozos
1 kilo de patatas
150 gramos de aceite de oliva
400 gramos de cebolla
125 gramos de tomate, maduro
1 pimiento rojo
1 cucharada de pimentón
Azafrán
Sal

Elaboración:

Pelaremos las patatas y las cortaremos a trozos. Pondremos, con aceite, una cazuela al fuego y en ella prepararemos un sofrito con la cebolla picada, los tomates pelados y trinchados y los pimientos, sin semillas ni rabo, cortados a trozos.

Incorporamos el rape y las patatas, sazonadas con sal, el azafrán y el pimentón.

Lo cubriremos con agua dejándolo cocer, a fuego moderado, hasta que veamos que está todo cocido. Se rectifica de sal y se sirve, a la mesa, en la misma cazuela.

RAYA AL ESTILO DE ALTEA

Ingredientes:

1 kilo de raya, limpia de piel y vísceras
150 gramos de tomate, maduro, rallado
100 gramos de almendras
400 gramos de patatas
200 de zanahorias
150 gramos de aceite de oliva
1 copa de vino blanco
Un vaso de caldo, de pescado
6 rodajas de pan
3 ñoras
10 dientes de ajo, secos
Perejil
Sal

Elaboración:

En una cazuela de hierro poner a calentar el aceite donde freiremos las ñoras, las almendras, las rodajas de pan y los ajos pelados. Posteriormente todos estos ingredientes los machacaremos en un mortero.

En el mismo aceite doraremos la raya, añadiendo el majado que sofreiremos con ella. Incorporaremos el tomate rallado, la copa de vino blanco y un vaso de caldo de pescado.

Lo dejaremos cocer, a fuego moderado, durante unos quince minutos, aproximadamente, de vez en cuando lo moveremos lentamente. Como guarnición presentaremos las patatas pequeñas y las zanahorias cocidas.

MERLUZA ALBUFERA

Ingredientes para 6 personas:

1 merluza, cortada en rodajas
100 gramos de harina
175 gramos de aceite de oliva
1 cabeza de ajo
1 litro y medio de caldo de pescado
250 gramos de gambas, peladas, pequeñas
3 huevos cocidos
Sal

Elaboración:

Sazonaremos con sal las rodajas de merluza, que pasamos por harina y freímos, ligeramente, por ambos lados pero sin que lleguen a dorar. Las colocaremos en una cazuela de barro plana.

Colaremos el aceite donde se ha frito la merluza y en él sofreiremos los ajos cortados en láminas. Cuando estén doradas, añadiremos una cucharada sopera de harina, removeremos e incorporaremos el caldo de pescado. Lo dejaremos hervir y, poniendo a punto de sal, le agregaremos, a la cazuela, el caldo con el sofrito y las gambas.

Guarnecer, con los huevos cortados en cuartos, por encima.

Para el caldo se puede emplear la cabeza de la merluza y las cáscaras de las gambas.

BUDING DE MERLUZA CON BACALAO

Ingredientes para 4 personas:

400 gramos de bacalao
500 gramos de merluza
150 gramos de cebolla
1 huevo crudo
50 gramos de mantequilla
50 gramos de queso rallado
5 gramos de nuez moscada
1 cucharadita de pimienta blanca
2 tomates pera cortados en rodajas
40 gramos de harina
500 gramos de leche
Sal
Para el caldo de pescado un kilo de morralla y litro y cuarto de agua.

Elaboración:

La merluza y el bacalao, limpios de espinas y pieles, los trocearemos y lo pondremos en una cazuela, cubiertos con el caldo de pescado, la cebolla cortada en rodajas finas y dos ajos bien picados. Lo hervimos todo durante unos doce minutos y añadiremos la pimienta molida y un poco de sal.

Cuando la merluza y el bacalao estén cocidos, sin que lleguen a hacerse del todo, los pondremos en una fuente refractaria.

Ponemos un recipiente con la mantequilla y cuando esté derretida se le incorpora la harina con un pellizco de pimienta blanca y la ralladura de nuez moscada. Se le agrega la leche, con una pizca de sal y, con la ayuda de una varilla, se bate hasta conseguir una bechamel sin grumo. A la bechamel se le debe agregar un poco de caldo de pescado y lo esparciremos todo por igual en la fuente.

El queso rallado lo ponemos sobre la bechamel al igual que los tomates, en rodajas. Pondremos la fuente en el horno durante unos quince minutos, a temperatura no muy alta.

MERLUZA CON ALMEJAS Y TOMATE SECO

Ingredientes para 2 personas:

4 rodajas de merluza
16 almejas (aproximadamente)
1 cebolleta fresca, picada
2 dientes de ajo
Unas ramitas de perejil, picado
80 gramos de aceite de oliva
8 trozos de tomate seco
50 gramos de harina
Sal

Elaboración:

Pondremos una sartén al fuego con el aceite y, una vez caliente, incorporaremos la merluza sazonada y ligeramente pasada por harina. La doraremos, un poco, procurando que el aceite no se caliente demasiado para no quemarlo. Seguidamente, le daremos la vuelta y, en ese momento, añadiremos el ajo picado. A continuación, haremos lo mismo con la cebolleta y el tomate seco. Lo sofreiremos un poco agregando las almejas lavadas, un pellizco de harina y el perejil picado. Cubriremos el guiso con agua, dejándolo cocer a fuego moderado. Rectificar de sal y servir.

CORVINA CON GUISANTES

Ingredientes para 4 personas:

1 kilo de corvina	**1 vaso de vino blanco**
200 gramos de guisantes	**2 huevos duros**
125 gramos de aceite de oliva	**50 gramos de pan frito**
200 gramos de almejas	**40 gramos de vinagre de vino**
3 dientes de ajo	**Unas hebras de azafrán**
1 cucharada sopera de perejil, picado	**Sal**

Elaboración:

En una cazuela se pone el aceite; se pasa por harina la corvina fileteada sin piel y una vez el aceite caliente, se agrega la corvina, el ajo, la cebolla picada, el azafrán, el vino blanco, las almejas bien lavadas y los guisantes ya cocidos. Se cubre el conjunto con un poco de caldo de pescado.

Cuando el pescado esté cocido, se le agrega un majado de pan frito con las yemas de huevo duro, el vinagre y el perejil; se deja cocer hasta que espese la salsa.

Las claras de huevo se pican y se le agregan por encima.

MERLUZA CON ANCHOAS

Ingredientes para 4 personas:

1 merluza abierta, sin la cabeza	**Unas ramitas de tomillo**
100 gramos de aceite de oliva	**6 rodajas de limón, sin la corteza**
8 filetes de anchoas	**50 gramos de aceitunas fileteadas**
Medio vaso de vino blanco	**Unas ramitas de perejil**
1 hoja de laurel	

Elaboración:

En una placa de horno, untada con aceite, colocamos la merluza limpia y le añadimos algo de sal.

Pondremos la merluza, al horno caliente, con el aceite, el vino blanco, una hoja de laurel partida en trozos y las ramitas de tomillo y sobre ella le pondremos las rodajas de limón.

Pasados unos veinte minutos la miraremos para ver si está cocida. Cuando esté en su punto la sacaremos del horno, le quitaremos las rodajas de limón y sobre ella colocamos los filetes de anchoas y las aceitunas fileteadas.

MERO AL HORNO

Ingredientes para 6 personas:

1 mero de 2 kilos y medio
150 gramos de tomates, maduros
1 kilo de patatas
600 gramos de cebollas
1 cucharada de perejil, picado
125 gramos de piñones
6 dientes de ajo, en rodajitas
1 vaso de vino blanco
1 vaso de agua
150 gramos de aceite de oliva
Sal

Elaboración:

Se limpia el mero, sacando los lomos y se prepara en raciones.

Se cortan las patatas en rodajas y se saltean con el aceite caliente. Hacemos lo mismo con la cebolla cortada en rodajas finas, los tomates y los ajos.

Todo ello, junto con las patatas y los lomos de mero, que pondremos a gusto de sal, se colocan sobre una rustidera. A continuación se agregan el vino blanco, el agua, el perejil y los piñones.

Finalmente se introduce en el horno, a doscientos grados, durante veinticinco minutos, aproximadamente.

"SUQUET DE PEIX"

Ingredientes para 4 personas:

800 gramos de pescado en rodajas (rape o lubina suelen ser los más preferidos)
4 langostinos o gambas
300 gramos de mejillones (optativos)
150 gramos de tomate maduro, pelado
125 gramos de cebolla
150 gramos de aceite de oliva
4 dientes de ajo
30 gramos de pan
1 cucharada de perejil picado
1 cucharadita de pimentón
1 pellizco de pimienta blanca
Sal

Elaboración:

El pescado se limpia y se corta, también los langostinos y las gambas.

Igualmente se limpian los mejillones y se les quitan las valvas. Seguidamente picaremos la cebolla que rehogamos y reservamos. De igual forma freiremos y reservaremos el tomate. En una cazuela puesta al fuego con el aceite y, cuando esté caliente, se fríen el pan y los ajos que, cuando estén en su punto, sacamos y reservamos.

A continuación, se añade el marisco, a gusto de sal, y una vez frito, se reserva.

En el mismo aceite se añaden los trozos de pescados sazonados y se sofríen. Rápidamente le agregamos la cebolla picada que tenemos reservada y el tomate frito. Le añadiremos agua hasta cubrirlos. Todo se deja cocer durante cinco minutos.

En un mortero se majan el pan frito, los ajos y perejil, incorporándose a la cazuela con el pimentón, la pimienta y la sal. Lo removeremos un poco. Finalmente, con la cazuela tapada y con fuego moderado, se rectifica de sal y se sirve.

DORADA AL HORNO

Receta típica de El Cabanyal, Valencia.

Ingredientes:

2 doradas de 2 kilos, aproximadamente
1 kilo de cebollas cortadas a trozos
2 hojas de laurel
6 dientes de ajo, enteros
150 gramos de aceite de oliva
2 tomates cortados en rodajas
1 vaso de vino blanco, seco
Sal

Elaboración:

Se limpian las doradas de escamas y tripas y se sazonan. Se colocan en una cazuela grande donde le agregamos la cebolla, los ajos con el laurel, el tomate y el aceite.

Se introduce el pescado, bañado con el vaso de vino, en horno caliente, doscientos veinte grados, durante treinta minutos. Pasado ese tiempo estará lista para servir.

EMPERADOR EN SALSA PICANTE

Ingredientes para 4 personas:

800 gramos de emperador en 4 lonchas	**150 gramos de aceite de oliva**
150 gramos de cebolla	**125 gramos de salsa de tomate**
2 pimientos picantes	**Pimienta**
	Sal

Elaboración:

En una cazuela de barro con el aceite caliente, se fríe el emperador, previamente salpimentado, y se reserva. En el mismo aceite se fríen y los pimientos picantesla cebolla y cuando veamos que están doradas le agregamos la salsa de tomate y dejamos que hierva durante tres o cuatro minutos. Finalmente colocamos el emperador en una fuente y se le agrega la salsa de tomate. Procurar servir caliente.

GALLOS DE MAR A LA NARANJA CON ANCHOAS

Ingredientes para 4 personas:

2 gallos grandes	**175 gramos de mayonesa**
Medio zumo de limón	**4 filetes de anchoas**
2 naranjas	**Pimienta negra**
40 gramos de mantequilla	**Sal**

Elaboración:

Limpio el pescado, sin piel ni espinas, lo cortaremos en lonchas finas y lo bañaremos con los zumos de limón y de naranja. Lo aderezaremos con sal, pimienta negra y un poco de ralladura de corteza de naranja. Finalmente, lo pondremos en una fuente refractaria untada con mantequilla.

Los introduciremos en el horno, a doscientos grados, durante quince minutos.

Fuera del horno, los dejaremos enfriar y, a continuación, le pondremos por encima la salsa mayonesa. Los podemos guarnecer con medias rodajas de naranja y adornarlos con las anchoas.

MERLUZA A LA ANTIGUA

Ingredientes para 4 personas:

20 espárragos verdes	Una taza de agua caliente
500 gramos de guisantes	1 cuchara de perejil, picado
1 cucharada de harina	8 rodajas gruesas de merluza
3 dientes de ajo	Sal

Elaboración:

Ponemos a cocer los espárragos y los guisantes en agua con sal y los reservamos.

En una cazuela sofreiremos los ajos con el perejil y antes de que pierdan el color, añadiremos una buena cucharada de harina. Rápidamente añadiremos una taza de agua caliente e incorporaremos los espárragos y los guisantes reservados, más las rodajas de merluza. Se rectifica de sal.

Los dejaremos cocer durante doce minutos para, finalmente, introducir la cazuela en el horno caliente, a doscientos grados, hasta que se termine de cocer; unos 8 minutos, aproximadamente.

MERLUZA A LA VALENCIANA

Ingredientes para 4 personas:

8 rodajas de merluza	2 huevos duros
150 gramos de aceite de oliva	2 cucharadas de pan rallado
1 cucharada de perejil, picado	100 gramos de aceitunas sin hueso
150 gramos de cebolla, picada	Pimienta blanca
El zumo de un limón	Sal

Elaboración:

Para hacer el caldo coceremos la cabeza de la merluza con setecientos gramos de agua, la colamos y reservamos.

En una cazuela se fríe la cebolla; cuando empiece a dorase se ponen las rodajas de merluza con algo de sal y se doran por las dos caras, seguidamente se rocían con el zumo de un limón.

A continuación se añade un picadillo hecho con los huevos duros, las aceitunas y el perejil picado, se espolvorea con el pan rallado y añadiendo el caldo, que tenemos reservado, se rectifica de sal. Se deja cocer a fuego moderado durante dieciocho minutos, aproximadamente.

MERLUZA COCIDA AL VINO BLANCO

Ingredientes para 4 personas:

4 rodajas gruesas de merluza
2 hojas de laurel
4 dientes de ajo
1 vaso de vino blanco
1 vaso de agua
3 rebanadas de pan frito
1 cucharadita de pimentón dulce
100 gramos de almendras fritas
150 gramos de aceite de oliva
3 yemas de huevo duro
Sal

Elaboración:

Se ponen, en un recipiente adecuado, las rodajas de merluza, con el agua, el vino blanco, el laurel y la sal. Lo dejamos cocer, a fuego moderado, durante cuatro minutos.

Se sacan, del caldo, las rodajas de merluza y se colocan en una cazuela plana.

En un mortero se machacan los ajos junto con las yemas de huevo duro, las almendras fritas, el pimentón, las rebanadas de pan frito junto con el aceite de haber frito almendras y pan. Se hace una pasta que podemos desliar con un poco del caldo de la cocción del pescado.

Con esta salsa se baña el pescado e introducimos la cazuela en el horno, previamente caliente, a doscientos veinte grados, durante quince minutos.

MERLUZA CON CARDO DE PENCA

Ingredientes para 6 personas:

1 kilo y medio de merluza
750 gramos de cardos de penca
600 gramos de tomate frito
150 gramos de cebolla picada
4 dientes de ajo picados
1 limón
Harina
1 papelillo de azafrán
Sal

Elaboración:

Conseguiremos el caldo de pescado, unos 600 gramos aproximadamente, hirviendo, en un litro de agua, la raspa y la cabeza de la merluza.

Pondremos en una cacerola, con litro y medio de agua, el zumo de un limón y una cucharada de harina que disolveremos muy bien. Se limpian los cardos, se cortan a trozos y se incorporan a la cacerola dejándolos cocer hasta que estén tiernos.

Se limpia la merluza procurando sacar seis trozos, de su lomo, se sazonan con sal y se reservan.

En una sartén con el aceite caliente, se fríen los lomos de merluza pasados por harina; a continuación se pone el ajo picado y la cebolla; una vez fritos, se espolvorea la merluza con un poquito de harina, se agrega el tomate frito y el caldo de pescado. Se deja hervir durante tres minutos añadiendo los cardos, ya cocidos, el azafrán y se rectifica de sal. Todo se deja hervir unos minutos.

RAPE A LA MARINERA

Ingredientes para 4 personas:

1 rape de 2 kilos
175 gramos de aceite de oliva
150 gramos de cebolla picada
4 dientes de ajos picados
100 gramos de zanahorias
150 gramos de tomate maduro, pelado y picado
1 cucharadita de perejil picado
1 cucharadita de pimienta blanca
Harina
1 hoja de laurel
1 cucharadita de pimentón
Sal

Elaboración:

Se limpia el rape y se corta en ocho trozos.Con la cabeza, el laurel y la zanahoria se hace un caldo. Se reserva colado.

En una sartén, con el aceite caliente, freímos los filetes de rape sazonados y pasados por harina, se retiran del aceite y en el mismo freímos el ajo con la cebolla; una vez fritos se le agrega el tomate y se fríe el conjunto.

A continuación se le agregan los filetes de rape fritos, el vino blanco, el caldo de pescado y el perejil. Se rectifica de sal y se deja cocer unos minutos más, hasta que el rape esté en su punto.

RAPE MARINERO DEL PERELLONET

Ingredientes para 4 personas:

1 kilo y medio de rape
200 gramos de cebollas, picadas
300 gramos de tomate, frito
1 hoja de laurel
4 dientes de ajo picados
1 litro y medio de caldo de pescado
150 gramos de aceite de oliva
1 pellizco de pimienta blanca
1 cucharadita de pimentón
1 copa de coñac

Elaboración:

En una sartén, con aceite caliente, se pone, el ajo picado y la cebolla. Una vez fritos se agrega el tomate. Una vez sofrito se le agrega el coñac. Seguidamente se incorpora el caldo de pescado y se deja cocer durante unos diez minutos.

A continuación se agregan el rape, a gusto de sal, el laurel, la pimienta y el pimentón. Se deja cocer durante unos diez minutos.

SUPREMAS DE RAPE CON HABAS "L´ALQUERIA"

Ingredientes para 6 personas:

1 kilo y 200 gramos de rape limpio, en filetes
500 gramos de habas pequeñas, fritas
125 gramos de cebolla picada
150 gramos de aceite de oliva
Harina
4 dientes de ajo
100 gramos de tomate maduro, rallado
Unas ramitas de perejil picado
1 copa de vino blanco
Sal

Elaboración:

En una sartén ponemos el aceite y, cuando esté caliente, se fríe el rape pasado por harina y con algo de sal. Después se retira el rape y, en el mismo aceite, se incorporan el ajo picado y la cebolla. Una vez dorada, se añade el tomate y se mantiene unos minutos al fuego. A continuación le agregamos el vino blanco, el rape, el perejil y las habas fritas. Cuando empiece a hervir, calculamos tres ó cuatro minutos más de cocción y rectificando de sal. Ya está listo para ser servido.

"NUGAETA DE MUSOLA"

Receta de Pepe Tadeo, el Cabanyal, Valencia.

Ingredientes para 4 personas:

8 rodajas de musola (cazón o "gatet")
150 gramos de aceite de oliva
8 piezas de gambas
25 gramos de piñones
25 gramos de almendras
3 dientes de ajo
1 ñora
1 ó 2 guindillas
750 gramos de patatas
Sal

Elaboración:

Se corta el cazón en rodajas, se sala al gusto, se pasa por harina y se fríen. Se sacan las rodajas y se reservan. Ahora también freiremos, un poco, las gambas sin pelar y se reservan. Se cuela el aceite usado y se incorpora a una cazuela de barro junto con las patatas, cortadas en trozos, con algo de sal y se sofríe. Seguidamente se le incorpora el pescado con las gambas y se cubre con un poco de agua. En un mortero se pican los piñones, los ajos, las almendras, la ñora y la guindilla. Realizado el majado se añade al pescado, rectificándose de sal.

SARDINAS CON ALCAPARRAS

Ingredientes para 4 personas:

1 kilos de sardinas
150 gramos de cebolla
2 cucharadas de harina
1 vaso de vino blanco
1 vaso de agua
50 gramos de alcaparras
1 cucharada de perejil, picado
Un pellizco de pimienta blanca
Sal

Elaboración:

Limpiadas las sardinas, sin espina, escamas, ni cola ni cabeza, las sazonamos y friéndolas en aceite bien caliente, las colocamos en una fuente.

En una cazuela con el aceite, colado, en que hemos frito las sardinas, sofreímos la cebolla picada y cuando tome color dorado le añadiremos la harina; luego de sofrita la harina, incorporaremos el vino blanco y el agua, un poco de sal y la pimienta blanca, lo dejaremos cocer durante 8 minutos, después lo pasaremos por la batidora y lo volveremos incorporar a la cazuela. Finalmente, añadiremos un puñado de alcaparras y el perejil picado. Esta salsa la presentaremos en una salsera y las sardinas en la fuente.

Se le puede acompañar con costrones de pan frito.

SARDINAS A LA CASERA

Ingredientes para 4 personas:

1 kilo de sardinas
Harina
Aceite de oliva
125 gramos de cebolla picada
150 gramos de pimiento verde
150 gramos de tomate
3 dientes de ajo
1 cucharadita de pimentón
50 gramos de queso rallado (optativo)
Limón
Perejil
Sal

Elaboración:

Después de limpiar las sardinas y sin cabeza ni escama ni espina, las rociaremos con el zumo de un limón y las pasaremos por harina para freírlas.

En una cazuela con aceite, sofreiremos la cebolla picada, los dientes de ajos, el tomate y el pimiento, picados muy fino; cuando esté sofrito, añadiremos el pimentón.

Colocaremos las sardinas en una fuente refractaria y repartiremos el sofrito por encima, esparciremos un poco de queso rallado (optativo) y las pondremos en el horno, a doscientos veinte grados, para gratinarlas. Al servirlas se les pone el perejil picado.

SARDINAS CON TOMATE Y CEBOLLA

Ingredientes para 4 personas:

1 kilo de sardinas	**1 kilo de cebolla**
Aceite	**4 dientes de ajo**
1 kilo de tomate maduro	**Sal**

Elaboración:

Después de bien limpias las sardinas, sin cabeza ni escama, se fríen y se sacan y, en el mismo aceite, se sofríen el ajo, el tomate picado y la cebolla cortada en trocitos.

Cuando comience a espesarse el sofrito, añadiremos la sal, al gusto, y el pescado.

Se tapa y se deja cocer unos diez minutos a fuego moderado.

SARDINAS A LA CAZUELA

Ingredientes para 4 personas:

1 kilo de sardinas	**4 dientes de ajo picados**
150 gramos de aceite de oliva	**1 cucharada de perejil picado**
200 gramos de cebolla picada	**150 gramos de pimientos verdes, a tiras**
200 gramos de patatas	
1 limón	

Elaboración:

Se limpian las sardinas, quitándole la cabeza, las escamas, la tripa y la raspa.

Se ponen en una cazuela con el aceite caliente y se sofríen el tomate, la cebolla, los pimientos, las patatas cortadas como para tortilla, los ajos, el perejil y el laurel con algo de sal. Una vez fritos se retiran a una fuente y se reserva.

En la misma cazuela, y con un poco de aceite, se colocan las sardinas sazonadas; sobre ellas se pone una capa de la guarnición reservada, luego otra capa de sardinas y así sucesivamente, alternando. Se rocía el conjunto con el zumo de medio limón y se deja cocer, a fuego moderado, durante unos dieciocho minutos.

SARDINAS ESCABECHADAS

Receta típica de Castellón de la Plana.

Ingredientes para 4 personas:

1 kilo de sardinas
250 gramos de aceite de oliva
2 hojas de laurel
150 gramos pimientos verdes finos, cortados a trozos
300 gramos de cebolla
5 dientes de ajo
1 cucharadita de pimienta negra, en grano
1 vaso de vinagre
1 corteza de limón
Sal

Elaboración:

Bien limpias las sardinas, destripadas y sin escamas, pero sin quitarle la cabeza, las freiremos, en abundante aceite, junto con los pimientos, la cebolla, la corteza del limón, el laurel, los dientes de ajo sin pelar, los granos de pimienta negra y un poco de vinagre. Cuando todo se haya enfriado, se vierten en un recipiente y se les añade el vaso de vinagre puro. Taparemos dicho recipiente y dejaremos las sardinas, en maceración, alrededor de cuarenta y ocho horas.

LUBINA AL VINO DE JEREZ

Ingredientes para 6 personas:

1 lubina de dos kilos, aproximadamente
2 copas de vino, de Jerez
50 gramos de pan rallado
4 huevos duros
Una escarola
150 gramos de aceite de oliva
50 gramos de mantequilla
50 gramos de alcaparras, en vinagre
3 limones
Sal

Elaboración:

Después de bien limpia la lubina sin cabeza y sin espina, la aderezaremos con el zumo de un limón y la sal. La untaremos de aceite y la pasaremos por el pan rallado. La asaremos en una parrilla a fuego suave. En una taza pondremos el zumo del otro limón, el aceite y el vino de Jerez. Con una cuchara rociaremos con frecuencia el pescado y lo giraremos, con mucho cuidado, a fin de que quede dorado por ambos lados y bien cocido por dentro.

A la hora de servirlo, lo rociaremos con mantequilla fundida y el zumo de otro limón.

Como guarnición podemos poner ensalada de escarola con huevo duro.

Nota: la lubina se puede hacer con el horno fuerte, de esta manera no se rompe y queda más presentable.

LUBINA AL "ALL I PEBRE"

Ingredientes para 4 personas:

1 kilo y medio de lubina
30 gramos de pimentón
10 dientes de ajo
1 kilo y medio de patatas
2 guindillas
175 gramos de aceite de oliva
1 litro y medio de agua

Elaboración:

Se limpian la lubina bien descamada y cortándose en rodajas, se reserva.

Los ajos se pelan y se cortan en láminas; las patatas se pelan y se cortan en trozos, no muy pequeños, rompiéndolas, no cortándolas, con el cuchillo con el fin de que liberen mejor la fécula.

Se pone el aceite al fuego, preferentemente en un caldero de hierro o en un perol, y se doran en el los ajos y las guindillas a gusto. A continuación se incorporan las patatas en el caldero y se rehogan a fuego vivo durante unos ocho minutos, procurando no dejar que se quemen.

Seguidamente, se añade el pimentón e inmediatamente las rodajas de lubina, previamente sazonadas, se rehogan ligeramente y se agrega el agua; se rectifica de sal en el momento que comienza a hervir y se deja cocer, aproximadamente unos diez minutos, hasta que esté todo cocido.

LENGUADO MARINERA

Ingredientes para 4 personas:

4 lenguados de 300 gramos cada uno	1 cucharada de perejil, picado
Harina	100 gramos de alcaparras
150 gramos de aceite de oliva	100 gramos de pepinillos
1 limón	Sal

Elaboración:

Bien limpios y pelados los lenguados, se les pone sal y se pasan por harina; se fríen en una sartén con el aceite caliente. Se colocan en una fuente refractaria y se les agrega el aceite de haberlos frito, pero colándolo y añadiéndole zumo de limón.

Ponemos el horno a calentar, a doscientos grados, e introducimos la fuente con los lenguados durante unos diez minutos. A continuación les pondremos, sobre ellos, las alcaparras, los pepinillos cortados en láminas y el perejil picado.

De guarnición recomendamos unas patatas fritas.

LENGUADO CON PICADA DE ALMENDRAS

Ingredientes para 4 personas:

4 lenguados sobre 300 gramos cada uno	150 gramos de cebolla, picada
125 gramos de aceite de oliva	Harina
100 gramos de mantequilla	1 cucharadita de perejil, picado
125 gramos de almendras fritas picadas	El zumo de medio limón
	Sal

Elaboración:

Bien limpios y pelados los lenguados, se les sala y se pasan por harina. Se fríen y se reservan. El aceite, donde se han frito los lenguados, se cuela y en una sartén limpia se pone la mantequilla con un poco del aceite que hemos colado y cuando esté caliente le incorporamos la cebolla. Una vez dorada se le agregan los lenguados, las almendras, el perejil picado, el zumo de medio limón y un poquito de agua. A gusto, se rectifica de sal. Como guarnición podemos servir unas patatitas cocidas.

SALMONETES AL HORNO

Típico del litoral castellonense.

Ingredientes para 4 personas:

8 salmonetes	**150 gramos de tomate, maduro**
125 gramos de aceite de oliva	**50 gramos de pan rallado (optativo)**
4 dientes de ajo, crudos picados	**El zumo de un limón**
1 cucharada de perejil, picado	**Sal**

Elaboración:

Los salmonetes, limpios de tripas y de escamas, se reservan. Pelamos el tomate y lo picamos.

Preparamos, en una fuente refractaria, los salmonetes que sazonamos, poniendo sobre ellos, el ajo, el perejil, el tomate muy picado, el zumo de limón, el perejil y el aceite. También se le puede agregar un poco de pan rallado.

Los salmonetes, una vez preparados, se introducen en horno caliente, a doscientos grados, durante unos dieciocho minutos, aproximadamente.

EMPANADA DE PESCADO

Ingredientes para 4 personas:

800 gramos de pescado blanco	**125 gramos de aceite**
600 gramos de tomate, maduro	**750 gramos de harina**
3 dientes de ajo	**100 gramos de manteca de cerdo**
1 huevo	**Unos granos de pimienta negra**
500 gramos de cebolla	**Sal**
200 gramos de pimientos verdes	

Elaboración:

El pescado limpio se pone a hervir en agua fría, con sal y unos granos de pimienta; cuando levante el hervor, se mantiene a fuego moderado durante unos ocho minutos y se pone a escurrir.

En un lebrillo, ponemos la harina, la manteca derretida, sal y un poco de agua, se amasa todo y después de bien amasado, se extiende sobre una mesa enharinada y se le pasa un cilindro hasta dejarla con medio centímetro de grosor.

En una sartén, con el aceite caliente, sofreímos la cebolla, el ajo, el pimiento y el tomate todo picado y cuado esté hecho el sofito lo aderezaremos a gusto de sal y añadiremos el pescado desmenuzado sin piel ni espina. Todo lo pondremos dentro de un molde de un palmo de alto y envuelto con la masa. Haciéndole un agujero en medio se pinta con huevo batido. El horno estará preparado a 220 grados, meteremos el pastel durante unos treinta minutos, aproximadamente. Cuando se vea que está dorado, se sirve.

VENTRESCA DE ATÚN EN ESCABECHE

Receta de Salvador Molina, Valencia.

Ingredientes para 4 personas:

700 gramos de ventresca
300 gramos de cebolla, seca
10 dientes de ajo, pelados
20 gramos de sal (1 cucharada sopera)
5 gramos de pimentón dulce (1 cucharada de moka)
4 hojas de laurel
225 gramos de vinagre, de vino blanco (1 vaso)
150 gramos vino blanco, seco
300 gramos agua
Media cucharada de pimienta negra, en grano
30 gramos de harina fina
150 gramos aceite de oliva

Elaboración:

1. Pelar y corta la cebolla en tiras finas.

2. Golpear los dientes de ajo, sin terminar de romper.

3. Rehogar todo, a fuego suave, junto con el laurel y los granos de pimienta, hasta que esté blanda la cebolla.

4. Agregar el pimentón y rehogar ligeramente.

5. Añadir la harina y desliar en el fondo.

6. Añadir el vinagre y el vino, todo junto.

Cocer durante 10 minutos, aproximadamente.

7. Añadir el agua y la sal.

8. Llevar a ebullición. (Poner al punto de sal)

9. Añadir la ventresca y cocerla en el escabeche hasta que el calor llegue al centro de la pieza.

10. Retirar del fuego, enfriar y macerar durante algunos días antes de su consumo.

RAGOUT DE ATÚN

Ingredientes para 4 personas:

1 kilo de atún fresco
100 gramos de judías verdes
100 gramos de zanahorias
150 gramos de cebolla
1 hoja de laurel
1 vaso de vino blanco
100 gramos de tomate, frito
175 gramos de aceite de oliva
1 cucharada de harina
1cucharada de perejil picado
Un pellizco de nuez moscada
Sal

Elaboración:

El atún fresco lo cortaremos en dados grandes, los aderezaremos con sal y, pasándolos por harina, los freiremos con aceite bien caliente. En una cazuela con el aceite, previamente colado, con que hemos frito el atún, sofreiremos las judías verdes cortadas en trozos, las zanahorias, las cebollitas, la hoja de laurel y la ramita de tomillo. Cuando esté sofrito, diluiremos la harina e incorporaremos, rápidamente, el vino blanco, la salsa de tomate, el perejil picado, sal (al gusto) y la nuez moscada. Lo removeremos bien y pondremos encima el atún. Tapamos la cazuela y la dejamos cocer. Después de unos quince minutos, añadiremos unas patatas en cuadritos y medio vaso de agua. Finalmente, meteremos la cazuela en el horno hasta que todo esté bien cocido, aproximadamente 12 minutos.

ALBÓNDIGAS DE BACALAO

Ingredientes:

1 kilo de patatas
750 gramos de bacalao
4 huevos
50 gramos de piñones
3 dientes de ajo
1 cucharada sopera de perejil, picado
Sal

Elaboración:

El bacalao se corta en pedazos y se pone a remojo la víspera cambiándole el agua varias veces. Se escurre el bacalao y se pone a hervir junto con las patatas, cortadas en trozos grandes.

Una vez hervido, se limpia de espinas y piel. Seguidamente se desmenuza y se amasa junto con las patatas, el perejil y los piñones. Se le añaden las yemas de los huevo y las claras se reservan en un plato hondo para rebozar, con ellas, las albóndigas.

Con la masa se irán formando las albóndigas, alargadas o redondas, según nuestro gusto, y se pasan por las claras que tenemos reservadas y se fríen con el aceite, bien caliente, hasta que queden doradas.

Cardos en Salsa (ver pág. 41)

Cardos (ver pág. 40)

Puchero Valenciano (ver pág. 83)

Migas del Pastor (ver pág. 111)

Guisado de la Novia (ver pág. 189)

Trigo "Picao" (ver pág. 88)

Titaina (ver pág. 34)

“Espardenya” (ver pág. 154)

Almejas en Salsa (ver pág. 23)

Bacalao con Tomate (ver pág. 120)

Filetes de Bacalao Fresco Rebozado (ver pág. 117)

Borreta de Bacalao (ver pág. 116)

Calamares en su Tinta (ver pág. 145)

"All i Pebre" al Estilo de Catarroja (ver pág. 153)

Dorada al Horno (ver pág. 131)

Pescaditos Fritos (ver pág. 123)

Sardinas Escabechadas (ver pág. 139)

Mejillones al Vapor (ver pág. 22)

Lenguado con Picado de Almendras (ver pág. 141)

Mariscada

Merluza con Almejas (ver pág. 128)

Merluza en Salsa Verde (ver pág. 122)

Rape con Patatas (ver pág. 126)

"Suquet de Peix" (ver pág. 130)

Ventresca de Atún en Escabeche (ver pág. 143)

LANGOSTA AL COÑAC

Típico de la Marina Baixa.

Ingredientes para 4 personas:

2 langostas de, aproximadamente, unos 800 gramos cada una
1 vaso de vino blanco
1 copa de coñac
150 gramos de cebolla
1 hoja de laurel
1 ramita de tomillo
3 yemas de huevo
150 gramos de nata, liquida
125 gramos de mantequilla
50 gramos de queso rallado
50 gramos de pan rallado
Sal

Elaboración:

El caparazón de la langosta hay que abrirlo por el medio a lo largo procurarando no estropearlo. Las mollas, que sacaremos, las cortaremos en trozos regulares y las sofreiremos, a fuego suave, con la mitad de la mantequilla y con algo de sal. El resto de la mantequilla lo aprovecharemos para freír, en una cazuela, la cebolla picada, el laurel, el tomillo, el vino y el coñac. Se dejará reducir hasta la mitad, se le incorporará la nata con las yemas desleídas. Lo tendremos cociendo, a fuego moderado, sin dejar de remover. Rectificamos de sal. Los caparazones de la langosta los cubriremos, un poco, con parte de la salsa y el resto la mezclaremos con las mollas de la langosta para rellenarlos. Finalmente, añadiremos, por encima, el queso y el pan rallados. Lo meteremos en el horno para gratinarlo, durante unos cinco minutos, aproximadamente.

CALAMARES CON SU PROPIA TINTA

Ingredientes para 4 personas:

1 kilo de calamares
300 gramos de cebollas
200 gramos de tomates, maduros picado
3 dientes de ajo
175 gramos de aceite
Harina, tostada
1 cucharada de perejil picado
Sal

Elaboración:

Bien limpios los calamares, y habiendo reservado con anterioridad su tinta, los cortamos en anillas y los preparamos para sofreírlos en una cazuela de barro o de hierro con aceite caliente (sofreiremos primero la cebolla picada y el tomate). Cuando esté todo bien sofrito, picaremos los ajos y junto con el perejil lo incorporaremos a la cazuela que mantendremos, bien tapada, en el fuego hasta que estén cocidos los calamares. No se debe poner la sal hasta última hora a fin de evitar que se nos queden duros. Finalmente, poco a poco, le añadiremos la tinta diluida, en un poco de agua o caldo (pasándola por un colador) y a continuación le incorporaremos una cucharada de harina tostada.

CALAMARES RELLENOS DE MAGRO

Ingredientes para 4 personas:

8 calamares, de unos 40 ó 50 gramos, cada uno
250 gramos de magro picado
150 gramos de cebolla
1 kilo de tomate maduro, pelado y picado
2 huevos duros
Harina
1 vaso de vino blanco
1 litro de agua
175 gramos de aceite
Perejil
Sal

Elaboración:

Una vez limpios los calamares, prepararemos un picado de magro de cerdo, con los huevos duros y las otras partes comestible de los calamares, todo bien troceado y sazonado al gusto. Con la mezcla obtenida y, con la ayuda de una cuchara, se rellenan los calamares. Nada más que estén rellenos se pasan ligeramente por harina. Seguidamente se pone el aceite en una sartén, se calienta y se incorporan los calamares rellenos. Cuando estén dorados por ambas partes, se sacan y se reservan en una cazuela. En el mismo aceite freiremos la cebolla picada y el tomate pelado. A continuación colocaremos, a fuego medio, la cazuela con los calamares, le agregaremos el vino blanco y el sofrito de cebolla y tomate, añadiéndole el agua. Lo dejaremos cocer durante unos treinta minutos aproximadamente, a fuego moderado y rectificamos de sal. Procuraremos removerlo para que no se agarre la salsa, que debe quedar un poco reducida.

GUISADO DE PULPO PEQUEÑO CON PATATAS

Receta típica de La Vila Joiosa.

Ingredientes para 4 personas:

1 kilo de pulpos pequeños
150 gramos de aceite de oliva
500 gramos de cebolla
500 gramos de patatas
1 vaso de vino blanco
1 hoja de laurel
1 cucharadita de orégano
Azafrán
Sal

Elaboración:

Limpiar los pulpos y sofreírlos con la cebolla. Añadirle el vino blanco, el laurel, el orégano y hervirlo todo a fuego moderado. Cuando el pulpo esté blando, incorpora las patatas cortadas a tacos pequeños y un poco de agua, hasta cubrirlas. Sazonar. Catar las patatas y el pulpo hasta que estén en su punto.

CALAMARES RELLENOS

Ingredientes para 4 personas:

1 kilo de calamares
4 dientes de ajo
200 gramos de cebolla
200 gramos de tomate, pelado y picado
150 gramos de aceite de oliva
100 gramos de pan rallado
El zumo de medio limón
Harina
2 huevos
150 gramos de jamón picado
1 vaso de vino blanco
1 litro de agua
Una cucharadita de pimentón
Una cucharadita de pimienta molida negra
Sal

Elaboración:

Se limpian los calamares apartando la vejiga de tinta; las aletas y tentáculos se retiran y reservan. El jamón, los tentáculos y las aletas los mezclaremos con dos dientes de ajo y el perejil picado. A continuación batiremos dos huevos y les añadiremos el majado anterior, el pan rallado, la mitad de la cebolla muy picada con algo de sal, el pimentón y la pimienta molida. Mezclaremos todo el conjunto. Con la mezcla obtenida se rellenan los calamares y se les atraviesa con un palillo para que no se salga el relleno. Cuando estén rellenos se pasan ligeramente por harina. Se pone aceite en una sartén y cuando esté caliente se le incorporan los calamares rellenos. Cuando veamos que están dorados, por ambas partes, se sacan y se reservan en una cazuela. En el mismo aceite se fríen los otros dos ajos, el resto de la cebolla picada y el tomate. A la fritada se le agrega una cucharada sopera de harina, un poco más de pimentón, el vino, el agua y se sazona. Puesta la cazuela con los calamares, a fuego medio, se le agrega el sofrito. Taparemos la cazuela y cuando comience a cocer el guiso, se modera el fuego dejándolo así, aproximadamente, unos cuarenta minutos. Con las vejigas de tinta de los calamares se realiza un majado en el mortero, se añade el zumo de medio limón y se bañan los calamares. Antes de servirlos, se dejan cocer, aproximadamente unos cinco minutos más.

PISTO DE BOGA

Ingredientes para 4 personas:

1200 gramos de bogas frescas y medianas
500 gramos de pimientos
1200 gramos de tomates maduros
1750 gramos de aceite de oliva
Harina
Sal

Elaboración:

Las limpiaremos de sus escamas y su vientre. Las lavarlas y una vez sazonadas con sal y pasadas ligeramente por harina, las freiremos, con el aceite caliente, en una sartén.

Cuando estén doradas las sacaremos, colocándolas en una fuente.

En la misma sartén, con el mismo aceite, freiremos los pimientos troceados y los reservaremos. Finalmente freiremos los tomates muy picados. Cuando estén fritos y, a la vez, jugosos, incorporaremos las bogas y pimientos mezclando el conjunto y dejándolo a fuego moderado para que cueza un poco más, aproximadamente unos 8 minutos.

FRITANGA

Receta típicamente alicantina.

Ingredientes:

150 gramos de aceite
250 gramos pimientos
250 gramos de calabaza
250 gramos atún en tronco, salado
500 gramos de cebolla picada
125 gramos tomates maduros, picados
125 gramos de agua

Elaboración:

Se fríen los pimientos, limpios y troceados, la calabaza cortada en cuadros y el atún de tronco, previamente desalado. Una vez todo frito, se reserva.

En el mismo aceite se fríen la cebolla y el tomate. Ya fritos, se añade, desmenuzado, el atún. Y se incorpora el pimiento y la calabaza, mezclándolo todo y golpeándolo, con el canto de la paleta de freír, para que quede bien menudo. A continuación se añade el agua para que al freír, durante unos 12 minutos, se convierta en ebullición. Seguidamente, con fuego escaso, se deja que, muy lentamente, al menos durante una hora, se vaya rehogando. Rectificar de sal antes de sacarlo.

RUSTIDERA DE MUJOL

Ingredientes para 3 personas:

1 mujo de 1500 gramos aproximadamente	125 gramos aceite de oliva
500 gramos patatas	4 dientes de ajo
150 gramos tomates	Perejil muy cortado
150 gramos cebolla	Limón en rodajas
	Sal

Elaboración:

Limpiar el mújol sacando sus escamas y sazonar. En una rustidera al fuego, poner el aceite, las patatas a rodajas y sobre ellas el mújol al que se le han hecho unos cortes transversales en el lomo. Encima colocar los ajos y el perejil, cortados en pequeños trozos, dentro de los cortes, además de una rodaja de limón en cada uno de ellos.

Para adornar el recipiente colocar a ambos lados "cascos" de tomate y cebolla. Finalmente, aderezar con sal y pimienta y regar, durante el tiempo de asado, con aceite abundante.

BORRETA DE MELVA

Típica de la comarca de L´Horta Nord.

Ingredientes para 4 personas:

250 gramos de melva en salazón	150 gramos de aceite de oliva
1 litro de agua	150 gramos de cebolla
1 kilo de patatas	1 pimiento rojo pequeño
4 ñoras	Sal
3 dientes de ajos	

Elaboración:

Poner la melva a desalar la noche anterior, procurando cambiar el agua varias veces.

Poner al fuego en una cazuela con agua, la cebolla, el pimiento y las patatas troceadas. Cuando empiecen a cocer añadir la melva y las ñoras junto con el aceite y rectifica de sal. Terminaremos añadiéndole un majado con los ajos y una de la ñoras que se ha puesto a hervir, en la cazuela, junto con el aceite de oliva. Lo dejaremos en cocción hasta que la patata esté tierna.

SEPIA ESTOFADA

Receta típica de Benimaclet, Valencia.

Ingredientes para 4 personas:

600 gramos de sepia	**100 gramos de almendras fritas**
1200 gramos de patatas	**1 cucharadita de pimentón**
2 rebanadas de pan frito	**3 pencas de cardo**
4 dientes de ajo	**Azafrán**
150 gramos de aceite de oliva	**Sal**

Elaboración:

Limpiada y troceada, sofreír la sepia con las patatas, cortadas en dados y los cardos limpios cortados en trozos. Sazonar al gusto.

Seguidamente, en un mortero, hacer una picada con las almendras, el pan frito, el pimentón, el azafrán y los ajos. Incorporar el majado al preparado anterior, darle una vuelta por la sartén y cubrir de agua. Cocer, a fuego moderado, hasta que la sepia esté tierna. Rectificar de sal y servir.

GUISO DE SEPIA

Receta típica de Altea.

Ingredientes para 4 personas:

600 gramos de sepia	**6 dientes de ajo**
200 gramos de cebolla	**2 rebanadas de pan frito**
1 litro de caldo, de pescado	**100 gramos de almendras fritas**
600 gramos de patatas	**150 gramos de aceite**
4 alcachofas	**1500 gramos de caldo de pescado**
125 gramos de judías verdes	**Azafrán**
125 gramos de tomate maduro	**Sal**
1 hoja de laurel	

Elaboración:

Sofreír la cebolla, la sepia, las alcachofas, los ajos, el laurel y las judías verdes. Agregar el tomate frito. Incorporar el caldo de pescado que previamente habremos preparado a base de morralla y el azafrán. Cuando comience a hervir se agregan las patatas troceadas con algo de sal. Cuando las patatas estén tiernas se incorpora el majado hecho con las almendras y el pan frito. Se rectifica de sal y se deja cocer un par de minutos antes de servirlo.

ANGUILAS AL HORNO

Receta de Daniel Calavera, de Sueca.

Ingredientes para 4 personas:

1 kilo de anguilas
1 cabeza de ajos
100 gramos de piñones
100 gramos de almendras
3 ramitas de perejil
Medio vaso (de agua) de aceite de oliva
Medio vaso (de agua) de vino blanco
Medio vaso de brandy
Pimienta blanca
Nuez moscada
2 hojas de laurel
Sal

Elaboración:

Limpiar y trocear las anguilas, ponerlas en una cazuela de barro y espolvorearlas con pimienta blanca. A continuación poner las hojas del laurel, a trozos, por encima de las anguilas y rayar la nuez moscada. Después picar en un mortero los ajos, la sal, las almendras y el perejil, añadir el vino, el aceite y el brandy; removerlo con cuchara de madera e incorporarlo sobre las anguilas. En el mismo mortero, poner medio vaso de agua y verterlo sobre las anguilas añadiendo los piñones. Por último, cuando ya esté todo en la cazuela, ponerlo al horno, aproximadamente durante una hora, hasta que las anguilas queden doradas.

"SUC D'ANGUILES"

Receta de Francisco José Llacer Bueno, de Algemesi.

Ingredientes para 6 personas:

1 kilo de anguilas, medianas
500 gramos de cebollas
1 kilo de patatas
200 gramos de tomates
2 cabezas de ajos
1 ó 2 guindillas, al gusto
150 gramos de almendras
Aceite
Laurel
Nuez moscada
Pimentón dulce
Pimienta blanca
Perejil
Sal

Elaboración:

En un caldero de bordes altos se ponen 150 gramos de aceite de oliva. Cuando esté caliente se sofríe una de las cabezas de ajos (habiendo efectuado antes un corte en cada diente de ajo), el laurel y la guindilla. Apenas rehogados, se sofríe la cebolla trinchada y se añade un poco de sal. Cuando la cebolla esté dorada se incorporan las patatas troceadas por fractura. Una vez doradas se sofríe el tomate y después el pimentón sin que llegue a quemarse.

Se le añade agua hasta cubrir los remaches y se deja hirviendo una media hora. Se prueba de sal y se comprueba que las patatas hayan perdido su dureza. Se añade el macerado hecho con las almendras, el perejil y los dientes de ajos pelados. Se rasca con un cuchillo una porción de nuez moscada dentro del caldero y se echa una pizca, muy pequeña, de pimienta blanca.

Se añaden las anguilas troceadas (las mejores son las de la Albufera valenciana, evisceradas y descabezadas; al eviscerarlas salen blancas; las de otros lugares suelen tener la carne mas roja, son más duras y de menor sabor) manteniendo el fuego vivo unos diez minutos, pasados estos se rebaja el nivel del fuego y dejamos que se cuezan unos diez minutos más hasta que la anguila esté "al dente", lo podemos comprobar con un tenedor. Si se pasa de cocción se deshace la anguila y pierde mucho. Deben servirse con caldo pues de ahí viene el nombre de "suc".

Esta receta se puede mejorar poniendo níscalos, si son de temporada, antes del sofrito de las patatas y también huevos duros partidos por la mitad como ornato y desmenuzando las yemas si se quiere espesar el caldo.

"ALL I PEBRE"

Receta de Encarna Ballester, del Perellonet.

Ingredientes para 4 personas:

1 kilo y medio de anguilas
200 gramos de aceite de oliva
8 dientes de ajo, un poco machacados y sin pelar
125 gramos de piñones
1 cucharada de pimentón
2 o 3 guindillas
Agua
Sal
3 rebanadas finas de pan

Elaboración:

En una sartén honda, puesta al fuego con el aceite caliente, se sofríen, bien fritas, las rebanadas de pan y se reservan; a continuación se sofríen los ajos, sin pelar y un poco machacados; un poco después se añade el pimentón, y rápidamente el agua (sobre tres cuartos de litro), la sal y las guindillas, a gusto. Incluso se pueden suprimir, pero el plato pierde su encanto. Después de hervir unos ocho minutos, se incorporan las anguilas limpias (sin cabeza, y destripadas, bien lavadas y troceadas). Aparte, en un mortero, se ponen unos cinco ajos pelados y crudos, con algo de sal, también los piñones y el pan frito, se machacandose bien el conjunto hasta conseguir una crema dura que, aclarada con algo de caldo, se esparce por encima del hervor de la sartén y se deja cocer todo hasta que la anguila esté cocida. El caldo debe haber quedado y convertido en una salsa ligada.

Las anguilas se deben servir en cazuelitas de barro.

También en Sueca se hace un "all i pebre" llamado "Gran Colloni" ya que a la hora de servirlo se le incorpora un huevo duro.

"ALL I PEBRE"

Receta típica de Catarroja.

Ingredientes para 3 personas:

1 kilo y medio de anguilas
1 kilo de patatas
125 gramos de aceite de oliva
2 cabezas de ajos
12 almendras
1 cucharada de pimentón
2 guindillas
Unas ramitas de perejil lavado
Sal

Elaboración:

Limpiamos las anguilas y las troceamos en varios pedazos. Machacamos los ajos en un mortero.

En una cazuela ponemos al fuego el aceite e incorporamos los ajos, el pimentón, las guindillas, medio vaso de agua y la sal. A continuación se añaden las patatas y las anguilas y añadimos agua hasta que se cubran. Dejamos que todo hierva durante veinticinco minutos. Se rectifican de sal.

En un mortero, hacemos un majado con el perejil y las almendras que incorporamos al guiso en los últimos minutos de cocción.

Es conveniente servirlas a la mesa en una cazuela de barro.

ANGUILAS ENCEBOLLADAS

Receta de Manuela Ferres, de El Saler.

Ingredientes para 4 personas:

1kilo y medio de anguilas
1 kilo de cebolla
150 gramos de aceite
1 guindilla
1 hoja de laurel
4 dientes de ajo
Sal

Elaboración:

En una sartén ponemos parte del aceite al fuego con la cebolla cortada en trozos, el laurel y los ajos. Lo reservamos con el fin de que se confiten.

En una cacerola ponemos el resto del aceite con los ajos cortados en rodajas y una guindilla. Le agregamos las anguilas, bien limpias y cortadas a trozos, con algo de sal y una vez rehogadas le incorporamos la cebolla que ya tenemos confitada y la dejamos cocer, juntas, durante unos 10 minutos, rectificamos de sal y servimos.

ANGUILAS A LA BRASA

Elaboración:

Colocamos una parrilla al fuego, y cuando esté caliente se coloca sobre ella las anguilas con la sal, al gusto. Cuando estén asadas, y al sacarlas de la parrilla, las bañaremos con un poco de aceite de oliva mezclado con ajo picado y perejil. Hay que asarlas lentamente.

ANGUILAS FRITAS DE "EL PERELLONET"

Ingredientes para 4 personas:

2 kilos de anguilas limpias sin cabeza y cortadas en trozos	**175 gramos de aceite de oliva**
1 kilo y medio de tomate maduro, bien picado	**2 manojos de ajetes tiernos**
	125 gramos de piñones
	Sal

Elaboración:

Primero se fríen las anguilas con algo de sal. Luego, dejándolas fuera de la sartén, se fríen los ajetes, cortados a trozos, y el tomate. A continuación se le agregan las anguilas, con los piñones fritos y dorados, se dejan rehogar unos minutos y se sirven.

"ESPARDENYÀ"

Receta original de Javier Calavera. De Sueca

Ingredientes para 4 personas:

1 kilo y medio de pato o pollo (preferiblemente, pato)	**2 clavos**
	Perejil
1500 gramos de anguilas	**Unos gramos de pimienta negra**
150 gramos de aceite de oliva	**Azafrán**
4 dientes de ajo	**Sal**
1 cucharadita de pimentón	

Elaboración:

Una vez troceado el pato o el pollo, se sazona y se reserva. Las anguilas se limpian, se cortan en trozos y se reservan también.

En una cazuela de barro o de hierro a fuego, se pone el aceite. Cuando esté caliente se le incorpora el pato o el pollo dejándolo que se sofría, a fuego lento, hasta que se dore. Seguidamente se cubre con agua y lo mantenemos, a fuego moderado, hasta que la carne comience a estar tierna. Ahora incorporaremos las anguilas.

Mientras dura la cocción prepararemos un majado con el azafrán, la pimienta, los ajos, el pimentón, el perejil y los clavos que incorporaremos a la cazuela, rectificando de sal y lo dejaremos hervir hasta que la anguila esté cocida. La "espardenyà" también se hace además de con pollo y pato con conejo y cabrito, esto dos últimos ingredientes según la zona.

EMBUTIDOS

MORCILLAS

Típicas de Casas Bajas, Rincón de Ademuz.

Elaboración:

Se pone la sangre de cerdo en un recipiente adecuado, añadiendo un poco de sal y una cucharada de pimienta negra, otra de canela y una de clavo, así como un poco de manteca de cerdo derretida, otro tanto sin derretir y harina, la que almita.

Se va removiendo con un cucharón y podemos añadir algo de pan rallado.

Una vez hecha la masa, la vamos introduciendo en tripas del mismo animal, bien lavadas, que no deberemos llenar del todo. Las pondremos a cocer en una caldera. No las deberemos dejar demasiado tiempo hirviendo. Las pincharemos, de vez en cuando, para sacarle el aire hasta que estén cocidas.

Unas vez cocidas se cuelgan en sitio fresco hasta que se oreen.

GÜEÑA

Ingredientes:

300 gramos de magro de cerdo
200 gramos de tocino
500 gramos de pulmón, corazón, riñones, lengua, etc.
20 gramos de pimentón
5 gramo de clavo molido
5 gramos de canela
15 gramos de pimienta blanca
Sal a gusto

Elaboración:

Se tritura con la maquina, rejilla gruesa y, a la masa resultante, se le incorpora las especies, el pimentón y la sal.

La presentación se realiza en tripas naturales, en forma de ristras y secciones de 7 a 9 centímetros. Se consume asado o frito.

MORCÓN VALENCIANO ("BLANQUETS")

Ingredientes:

3 kilos de cabeza de cerdo
1 kilo de asadura
1 kilo de panceta
1 kilo de tocino blanco
125 gramos de sal
50 gramos de pimienta blanca molida
40 gramos de clavo, molido
4 huevos
Tripa de cerdo

Elaboración:

Hervir la cabeza de cerdo y desmenuzarla, eliminando los huesos. Aparte hervir el tocino, la panceta y la asadura. Pasar todos estos ingredientes por la trituradora. Agregar cuatro huevos batidos y amasar. Incorporar el clavo, la pimienta y la sal, remover. Rellenar las tripas de cerdo con la mezcla para obtener los "blanquets". Cerrar los extremos de cada uno de ellos y pinchar con una aguja para que suelten la grasa. Colocar al fuego un recipiente con agua y cuando comience la ebullición, incorporar los "blanquets". Hervir durante una hora.

Trascurrida la hora de hervor, sacar los "blanquets" del agua, secar y colgar en un lugar fresco. Para hacer los "blanquets" se utilizan tripas de cerdo de 30 a 40 milímetros de diámetro.

MORCILLA DE CEBOLLA

Ingredientes:

60 kilos de cebollas
8 kilos de tocino
250 gramos de pan rallado
50 gramos de pimentón dulce
1 litro y setecientos cincuenta gramos de sangre
25 gramos de sal, por kilo de pasta
50 gramos de pimienta negra
25 gramos de clavillo
12 gramos de orégano

Elaboración:

Lo primero que haremos será triturar el tocino.

Asimismo se pelan las cebollas poniéndolas a hervir, tras lo cual se trituran y se dejan escurrir unas doce horas, al término de las cuales se mezcla con todos los demás ingredientes que son: la sangre, el pan rallado, los veinticinco gramos de sal, por kilo de pasta, los cincuenta gramos de pimentón dulce, los cincuenta gramos de pimienta negra, los veinte y cinco gramos de clavillo y los doce gramos de orégano.

Lograda una buena pasta se procede a embutirla en tripas de cerdo, calcular que tengan un diámetro de 30 a 32 milímetros.

Terminadas así las morcillas, se meten en una caldera, donde deberán permanecer cociendo unos treinta minutos, a fuego moderado, e introducirlas en la caldera. Cuando estén cocidas veremos que flotan. Cuando estén haciéndose se deberán pinchar para extraerles el aire. Finalmente las sacaremos y las dejaremos en el secadero, hasta que oreen.

Nota importante: La cantidad de morcillas nos vendrá dada por la cantidad de pasta resultante.

"BOTIFARRA" EN ACEITE DE OLIVA

Receta típica de Ontinyent.

Elaboración:

Primero se trituran 3 kilos de tocino. Asimismo se pelan 50 kilos de cebollas y se ponen a hervir, tras lo cual se trituran y se dejan escurrir unas doce horas, al termino de las cuales se mezclan con todos los demás ingredientes que serán: un litro y medio de sangre, 35 gramos de pimienta, 20 gramos de clavillo, 12 gramos de orégano y 200 gramos de sal.

Lograda una buena pasta se procede a embutirla en tripas de buey, se necesitaran unos catorce metros aproximadamente, atándolas en trozos de ocho o diez centímetros.

Preparadas así las "butifarras" se meten en una caldera, donde deberán permanecer cociendo unos treinta minutos a fuego moderado, sobre ochenta grados centígrados, posteriormente se sacan y se pasan a los secaderos, en los que permanecerán unos veinte días, a fin de que queden bien secas, pues de otra forma al freírlas se desmigarían.

Una vez fritas se retiran de la sartén y cuando estén frías se depositarán en una orza de barro o en tarros de cristal, añadiendo aceite puro de oliva, permaneciendo así hasta que se consuman.

LONGANIZAS DE PASCUA

Ingredientes:

1800 gramos de cerdo	**45 gramos de pimienta negra**
900 gramos de tocino magro	**15 gramos de clavo**
300 gramos de ternera	**30 gramos de anís**
45 gramos de pimienta blanca	**75 gramos de sal**

Elaboración:

Para su elaboración, se trituran todas las carnes y añadiendo todos los condimentos, se sazona al gusto.

La presentación de las longanizas de pascua se hace en tripas finas y atadas en ristras de 20-22 cm y se consumen crudas una vez que estén secas.

LONGANIZA FRESCA

Ingredientes:

1000 gramos de cerdo
700 gramos de tocino
25 gramos de pimienta blanca
8 gramos de clavo
8 gramos de canela
4 dientes de ajo, picados
17 granos de anís granos de anís
1 cucharada sopera de aguardiente
8 gramos de pimienta negra
Nuez moscada
40 gramos de sal

Elaboración:

Se tritura la carne y el tocino. Se mezcla con el ajo y los clavos machacados, y se amasa junto con todas las especies, el aguardiente, la pimienta, la nuez moscada y la sal, hasta conseguir una masa uniforme.

Finalmente, se introducen en tripas de cordero con un diámetro de 2 centímetros, aproximadamente. Se presentan en ristras y siendo la longitud de cada pieza de diez a doce centímetros.

CHORIZO CASERO

Ingredientes:

1 kilo de magro
20 gramos de pimentón dulce
20 gramos de pimentón picante
25 gramos de sal
3 dientes de ajo, machacados
Tripa de cerdo

Elaboración:

Se pica la carne y se pone en un bol junto con el pimentón dulce y picante y los ajos machacados con un poco de agua. Se mezcla bien y se sazona con sal. Se introduce en el frigorífico y se deja macera una noche.

Se depositan el intestino de cerdo en un recipiente con agua fría y se deja reposar también una noche en el frigorífico.

Al día siguiente, se escurre el intestino, sin llegar a secarlo y se ata en un extremo con hilo y sin córtalo, para luego atar con el mismo hilo el otro extremo y con la ayuda de una choricera se va rellenando el intestino, con el adobo, dejando 1,5 cm sin rellenar. Con el mismo hilo, se ata el otro extremo del intestino, pero sin que ambas partes se toquen (conviene dejar entre ellos una separación de 12 cm.). Se pincha todo el chorizo con una aguja o un alfiler y se deja secar unos tres meses en sitios frescos y secos.

CHORIZO DE PUEBLO

Ingredientes:

5 kilos de magro	25 gramos de sal, por kilo de masa
2 kilos de panceta	10 gramos de pimienta negra, por kilo de masa
1500 gramos de tocino	25 gramos de pimentón
5 dientes de ajo	Sal
1 vaso de vino blanco	

Elaboración:

Se tritura el magro, la panceta y el tocino, se les agrega los ajos machacados, el vino blanco y las especie. Se mezcla el conjunto y la masa resultante se deja macerar unas doce horas.

Pasando el tiempo de maceración se procede a embutirla en tripas de cerdo, calcular de 30 a 35 milímetros de diámetro.

Una vez embutidos se cuelgan en sitio fresco.

CAZA

PICHONES ESTOFADOS

Ingredientes para 4 personas:

4 pichones tiernos
125 gramos de tocino de panceta
125 gramos de migas de pan tierno
70 gramos de manteca de cerdo
30 gramos de mantequilla
2 cucharadas de harina
1 cucharada de perejil, picado y unas ramitas, aparte
2 hojas de laurel
2 ramitas de tomillo
2 huevos
Ralladura de limón, un poco
250 gramos de champiñones
2 vasos y medio de agua
Pimienta negra
Sal

Elaboración:

Preparemos unas albondiguillas con 125 gramos de migas de pan tierno, 70 gramos de manteca de cerdo, una cucharada de perejil picado, un poco de ralladura de limón, pimienta negra y 2 huevos. Se quita la corteza al tocino que, troceado, sofreiremos con la manteca en una sartén. Cuando estén bien fritos, los pedacitos de tocino, los sacaremos dejándolos escurrir. En la misma sartén, con el aceite, se van dorando los pichones y se colocan en una cazuela.

Dejaremos en la sartén tan solo un poco aceite para sofreír la harina; iremos añadiendo el agua poco a poco, y luego de cocer unos cinco minutos, se añade sobre los pichones y se incorporan los trocitos de tocino, la sal, la pimienta y el manojito de hierbas aromáticas compuesto con ramitas de perejil, dos hojas de laurel y tomillo. Bien tapada la cazuela, la meteremos al horno para que vaya cociendo a una temperatura de ciento setenta grados durante unos cuarenta minutos, aproximadamente. Los champiñones se cortan en rodajas bien limpias, que reservamos. Mientras los pichones se cuecen en el horno, prepararemos la masa de albóndiga con las migas de pan, la manteca, el perejil picado y la corteza de limón rallada; haremos una especie de pelotas y, poco a poco iremos añadiendo los huevos batidos, la sal y la pimienta. Cuando esté bien mezclado haremos las albondiguillas y las pondremos en compañía de los champiñones reservados; luego se dejan cocer, bien tapados, durante quince minutos.

Cuando estén cocidos los pichones, los partiremos por el medio y los colocamos en una fuente añadiendo, sobre ellos, las albóndigas con los champiñones y la salsa.

PICHONES EN ESCABECHE

Ingredientes para 4 personas:

4 pichones tiernos
150 gramos de aceite de oliva
100 gramos de vinagre de vino
50 gramos de vino blanco
750 gramos de cebolla cortada en rodajas
3 hojas de laurel
6 dientes de ajo, pelados
1 cucharadita de pimienta en grano, negra
1 ramita de perejil
Sal

Elaboración:

Se limpian los pichones con agua fría por dentro y por fuera, se secan con un paño, se cortan por la mitad y se sazonan.

Se dispone, en una cazuela de hierro o cacerola, parte de la cebolla, cortada en rodajas y se coloca encima los pichones que se cubren con la cebolla restante, los ajos, las hojas de laurel, la pimienta en grano y el perejil picado. Aparte se mezcla en un bol el aceite, vinagre y el vino blanco y se incorpora sobre los pichones. Se tapa la cazuela y dejándose cocer a fuego lento se rectifica de sal. El tiempo de cocción será hasta que observemos que los pichones están cocidos.

Nota: El escabeche estará más bueno trascurridas veinticuatro horas.

PICHONES AL BRANDY

Ingredientes para 4 personas:

4 pichones tiernos
2 zanahorias
150 gramos de tocino
4 dientes de ajo
100 gramos de aceitunas sin hueso
Un poco del caldo
1 vaso de vino blanco
2 copas de brandy
1 ramito de hierbas aromáticas (laurel, tomillo, perejil, et.)
4 rebanadas de pan blanco
1 litro y cuarto de agua
500 gramos de cebolla, a rodajas
3 cucharadas de aceite de oliva
Pimienta blanca, una cucharadita
Sal

Elaboración:

Se limpian los pichones, los abrimos por el medio y los lavamos con agua fría. Todos los despojos de los pichones: higaditos, riñones, cuellos, se ponen a cocer en litro y cuarto de agua fría junto con un poco de cebolla cortada a rodajas y la zanahorias en varios trozos; se tapa la olla o cacerola, donde se han puesto a cocer, hasta que esté todo tierno. A continuación colamos el caldo, que reservamos.

El tocino se corta a tiras de un dedo de grosor y se ponen en una cazuela, de hierro, a fuego moderado, hasta que suelten toda la grasa. A continuación se le agrega la cebolla, el ajo y el manojito de hierbas aromáticas para que cuezan juntos. Seguidamente se enharinan los pichones y se sazonan con sal y pimienta y se sofríen con la cebolla y los ajos. Inmediatamente se agrega el brandy y se bañan, por encima, los pichones. Se pueden flambear. Luego se le añade el vino, un poco de caldo y se rectifica de sal. Se tapa la cazuela y la introducimos en el horno, que ya tendremos caliente a ciento ochenta grados, hasta que estén cocidos.

Las rebanadas de pan frito se colocan sobre los medios pichones, rociándolos con la salsa y guarnecidos con el tocino cortado en pequeños dados y las aceituna.

TORDOS CON CEBOLLA

Receta típica del Maestrat.

Ingredientes:

8 Tordos tiernos
1 kilo de cebolla, cortada en trozos
4 dientes de ajo, pelados y algo majados
Aceite
Pimienta negra, en grano (optativo)
1 guindilla
Sal

Elaboración:

Después de bien pelados y destripados, se soflaman. En una sartén con suficiente aceite y a fuego vivo, se sazonan y se fríen un poco, pero de modo que se vean dorados. En el aceite de freírlos pondremos los ajos y la cebolla troceada, un poco de pimienta negra en grano, si se quiere un poco de guindilla seca, y tapada la olla, iremos removiendo la cebolla hasta que esté dorada. Se le incorpora los tordos que dejaremos hervir, poco a poco y rectificaremos de sal, al gusto.

CONEJO DEL CAZADOR

Ingredientes para 4 personas:

1 kilo y medio de conejo de monte
70 gramos de manteca de cerdo
500 gramos de setas o champiñones
2 vasos de agua
1 vaso de vino
2 puerros, el blanco
Unas ramitas de tomillo
150 gramos de tomate maduro, picado
4 cucharadas de tomate en conserva
2 hojas de laurel
1 cucharada de perejil picado
Pimienta molida
Sal

Elaboración:

El conejo limpio y troceado se sazona con la sal y la pimienta y se sofríe en una cazuela con la manteca, añadiéndole después el puerro picado, el tomate, las ramitas de tomillo, el laurel y el vino con dos vasos de agua. Se deja cocer a fuego moderado. Aparte salteamos, con un poco de aceite, las setas cortada o el champiñón en cuartos, con algo de sal. Una vez salteadas y cuando el conejo está casi guisado se le agregan, escurridas de aceite y se rectifica de sal. Antes de servir se espolvorea con el perejil picado.

CONEJO DE MONTE CON CARACOLES Y ROBELLONES

Receta de Felipe Pastor. La Noria, Naquera.

Ingredientes para 4 personas:

1 kilo y cien gramos de conejo, de monte
2 docenas de caracoles, del terreno
700 gramos de robellones (de la Sierra Calderona)
2 decilitros de aceite de oliva
Medio litro de agua, aproximadamente
1 cebolla, picada
1 tomate maduro
Tres cuartos de vino tinto
2 hojas de laurel
1 rama de tomillo
1 rama de romero
2 dientes de ajo
1 hígado del conejo
1 docena de almendras tostadas
500 gramos de patata
Pimienta
Sal

Elaboración:

Salteamos el conejo troceado y salpimentado en una cazuela con aceite de oliva y lo freímos.

Aparte, freímos el hígado del conejo y una vez frito lo reservamos.

Ya frito el conejo agregamos, la cebolla picada, y una vez pochada, le incorporamos el tomate picado.

Una vez todo sofrito, añadimos el vino tinto y cuando haya reducido, gran parte del mismo, lo mojaremos con el agua y poniendo unas las hojas de laurel, lo dejaremos cocer.

Cuando esté casi tierno agregaremos las patatas, los robellones y los caracoles, previamente cocidos y rectificamos de sal.

Cuando el guiso esté acabado lo sacaremos del fuego y le incorporemos la picada que hemos hecho con el hígado, las almendras, los ajos, el tomillo y el romero.

GUISADO DE CONEJO

Ingredientes para 4 personas:

1 kilo y doscientos cincuenta gramos de conejo limpio
500 gramos de patatas
150 gramos de zanahoria cortada en trocitos pequeños
2 hojas de laurel
2 copas de brandy
2 cucharadas de vinagre, de vino
300 gramos de cebolla picada
4 dientes de ajo
150 gramos de aceite de oliva
1 litro de agua
Unos granos de pimienta
125 gramos de tomate picado
Sal

Elaboración:

Se corta en porciones el conejo y lo sazonamos. Seguidamente dispondremos de una cazuela, con el aceite caliente, donde los sofreiremos, a fuego moderado, hasta que empiecen a dorarse. Una vez dorados se flamean con el brandy y se añade el ajo picado junto con la cebolla, las zanahorias, el laurel y la pimienta en grano, a continuación añadimos el tomate. Seguidamente se agrega el vino blanco, el vinagre y después el agua, hasta que veamos que el conejo queda cubierto. Rectificamos de sal y se prosigue con la cocción, a fuego moderado, durante cuarenta minutos. Mientras cuece el conejo preparamos las patatas a cuadraditos y las sofreímos en una sartén con algo de sal, a fuego lento, hasta que se doren. Finalmente se incorporan al guiso. Al presentarlo podemos adornarlo con un poquito de orégano.

CONEJO CON SETAS

Ingredientes para 4 personas:

1 conejo de kilo y medio aproximadamente
125 gramos de manteca de cerdo
4 cebolletas
1 ramillete de hierbas aromáticas
Vino blanco
Harina
Agua
Sal
100 gramos de tocino cortado en trozos
250 gramos de setas limpias y cortadas en trozos

Elaboración:

Después de haber limpiado y partido el conejo, lo sazonamos. A continuación se colocará en una cazuela, con la manteca de cerdo y se sofríe hasta que tome color, seguidamente lo retiramos del fuego. Ahora, añadiremos una cucharada de harina que se tostará muy ligeramente, en ella se pasarán los trozos de conejo, que serán bañados con mitad de caldo y mitad de vino blanco, hasta cubrirlos. Cuando esté a punto se añaden el tocino, las setas y un ramillete de hierbas aromáticas. Quince minutos antes de sacarlo se le incorporan las cebolletas pasadas por manteca. Se reduce de caldo y se sirve.

Nuestras abuelas a este guisado le añadían, para aumentarlo, trozos de anguilas y alcachofas partidas en cuatro partes.

CONEJO ENCEBOLLADO

Receta de Manuela Ferrer. El Saler, Valencia.

Ingredientes para 4 personas:

1500 gramos de conejo	**2 guindillas**
2 kilos de cebolla	**2 hojas de laurel**
200 gramos de aceite de oliva	**Sal**

Elaboración:

Se trocea el conejo y se sazona. En una cazuela de hierro se pone el aceite y, una vez caliente, se le incorpora el conejo y se fríe. Cuando veamos que está dorado le agregamos los ajos limpios, enteros y un poco machacados, la cebolla cortada en plumas gruesas y también las guindillas y el laurel.

Cuando la cebolla haya perdido el agua y quede trasparente, se rectifica de sal y se sirve.

ESCABECHE DE CONEJO

Receta típica del Maestrat.

Ingredientes:

1 conejo sobre 1500 gramos, limpio	**100 gramos de vinagre de vino**
1500 gramos de cebolla troceada	**5 granos de pimienta**
3 hojas de laurel	**2 cabezas de ajos**
500 gramos de aceite de oliva	**Sal**

Elaboración:

El conejo, troceado y sazonado se cuece con el aceite, las hojas del laurel, los granitos de pimienta negra, 2 cabezas de ajo, desgranado y sin pelar, junto con la cebolla partida y el vinagre. Cuando esté bien cocido y frío, se mete en tinajas de barro, procurando que quede bien cubierto de aceite y bien tapado. Se debe comer frío y sin ser recalentado.

PERDICES AL LIMÓN

Ingredientes para 4 personas:

4 perdices camperas
125 gramos de aceite de oliva
8 dientes de ajo, picados
150 gramos de tocino de beta
1 vaso de vino blanco
Una cucharada de perejil picado
Un vaso de salsa de tomate
Perejil
Un limón
Pimienta negra
Sal

Elaboración:

En una cazuela de barro o de hierro se pone el aceite a calentar, cuando esté bien caliente, incorporaremos las perdices, previamente limpiadas, comprobando que no tienen granos de metralla, quitándolos si lo hubiese. Seguidamente las sofreímos con el tocino de beta, troceado, hasta que estén doradas; añadiremos los ajos picados, con el perejil y dejaremos que vayan sofriéndose un poco para incorporar la pimienta y, a continuación, el vino blanco y la salsa de tomate. Bien tapado, se deja cocer, lentamente, hasta que las perdices estén tiernas. Se pasa la salsa, que nos ha quedado, por un colador y se incorpora el jugo de limón. Se deja unos minutos más en cocción, después de los cuales tendremos acabado tan delicioso plato.

PERDICES ESTOFADAS AL VINO

Ingredientes para 4 personas:

4 perdices
75 gramos de aceite de oliva
1 vaso de vino de Jerez
150 gramos de tocino
500 gramos de cebollas picadas
125 gramos de zanahorias
6 dientes de ajo
2 hojas de laurel
3 clavos, de especias
Pimienta negra
Sal

Elaboración:

A una cazuela de hierro o de barro, con el aceite caliente, se incorpora el tocino en trocitos, hasta derretirlo; se colocan las perdices, previamente limpiadas y se doran. A continuación se añade el ajo picado, la cebolla y las zanahorias, cortadas en rodajas. Cuando esté todo sofrito, le agregamos el laurel, el vino, un poco de agua y se rectifica de sal.

Se tapa la cazuela y se deja cocer hasta que las perdices estén tiernas. Seguidamente se parten por el medio y se colocan encima de una fuente. La salsa de la cazuela se pasa por un colador y, después de calentarla, bañamos con ella las perdices.

Nota: La salsa se puede servir sin colar.

PERDICES ESCABECHADAS

Ingredientes:

- 4 perdices gruesas
- 2 kilos de cebollas cortadas en trozos, que no sean pequeños
- 150 gramos de aceite de oliva
- 500 gramos de vino blanco
- 5 cucharadas de vinagre de vino
- 2 hojas de laurel
- 10 ajos enteros
- 1 cucharada de pimienta negra en grano
- Pimienta
- Sal

Elaboración:

Se despluma, se evisceran y limpian las perdices. Las dejaremos durante sesenta minutos en agua fresca para que pierdan toda la sangre. Se retiran del agua y se escurren. Seguidamente se sazonan con sal y pimienta molida y se atan y colocan en una cazuela de hierro o de barro, dejándolas boca arriba. Se cubren con la cebolla, los ajos y el laurel; se agrega el aceite, el vino blanco y el vinagre de vino con la pimienta en grano y algo de sal.

Se ponen al fuego con la cazuela tapada y se dejan cocer durante una hora, aproximadamente. Se retiran del fuego cuando observemos que su carne está tierna. Se dejan que reposen en lugar fresco. Finalmente y con todo sus ingredientes, se cambia a otro recipiente que podamos meter, tapado, en el frigorífico. Se degustan frías.

CODORNICES CON ANCHOAS

Ingredientes para 4 personas:

- 8 codornices
- 16 anchoas
- 300 gramos de cebolla picada
- 4 dientes de ajo
- 150 gramos de tomate rallado
- Una copa de brandy
- Un vaso de vino blanco, seco
- 1 ramitas de tomillo
- 2 hojas de laurel, pequeñas
- 150 gramos de manteca de cerdo
- Pimienta blanca
- Sal

Elaboración:

Lo primero que haremos será limpiar las codornices y sazonarlas con sal y pimienta. A continuación rellenaremos, cada una de ellas con dos anchoas, un poco de tomillo y media hoja de laurel y las envolveremos con una lama de tocino entreverado y las ataremos con un hilo fino. Seguidamente las colocaremos en una cazuela de barro, cuya superficie habremos untado, previamente, con la manteca de cerdo y las pondremos a dorar, al horno, durante ocho minutos. Mientras se asan las codornices, aparte se pone una sartén con el aceite caliente y se agregan los ajos picados y la cebolla. Cuando empiecen a dorarse se le añade el tomate rallado, que se sofríe con algo de sal, y se incorpora a la cazuela con las codornices que dejaremos terminar de cocer durante unos cinco minutos más. Trascurrido ese tiempo y si están cocidas las sacaremos y quitándoles el hilo las partiremos por la mitad. En una fuente se colocan las codornices y se bañan con la salsa caliente.

De guarnición unas patatas fritas.

PATO A LA NARANJA CON FLOR DE AZAHAR

Ingredientes para 4 personas:

2 patos silvestres, de cuello verde, limpios
500 gramos de cebolla picada
2 copas de flor de azahar
2 copas de brandy
100 gramos de azúcar
50 gramos de manteca de cerdo
2 naranjas
1 limón
Pimienta molida negra

Elaboración:

Con los higadillo, cuellos y patas se hace un caldo con un litro y cuarto de agua. Para el caramelo: pondremos, 100 gramos de azúcar con 100 gramos de agua, al fuego hasta que se reduzca a la mitad, aproximadamente.

En otro recipiente se pone medio litro de agua y cuando empiece a hervir introduciremos la cáscara de media naranja y un poco de la cáscara de limón, ambas cortadas muy finas, en juliana, y sin nada de blanco dejarlas cocer durante dos o tres minutos, escurrir en un colador.

En un recipiente pequeño se pone el jugo de las dos naranjas al fuego con las dos copas de flor de azahar, las julianas de limón y naranja con el caramelo. Todo esto se reduce a la mitad. Salpimentamos el pato con sal y pimienta, lo untamos con la manteca de cerdo y lo ponemos a asar en horno caliente a docientos grados. Dejaremos dorar durante treinta minutos, procurando ir regandolo con la grasa que desprenda. Una vez asado el pato, lo sacamo y lo partimo en cuartos, lo deshuesamos y lo mantenemos caliente.

Los huesos que hemos quitado los ponemos dentro del caldo y lo dejamos hervir durante cuatro o cinco minutos. Los pasamos todo por un chino o colador presionandolos bien. En el recipiente donde hemos asado el pato le quitamos parte de grasa, ponemos la cebolla y cuando esté dorada se le agrega el brandy. A continuación le incorporamos el caldo, lo dejamos cocer y, finalmente añadimos el caramelo, la juliana de naranja, de limón y las dos copas de flor de azahar hasta que obtengamos una salsa densa. Ponemos los cuartos de pato en una fuente, y sobre ellos gajos de naranja. Napamos con la salsa puesta a gusto de sal.

LOS GAZPACHOS VALENCIANOS FORMAN PARTE DE LA HERENCIA MUSULMANA.

GAZPACHO DE UTIEL

Ingredientes para 6 personas:

1 liebre o un conejo
2 perdices
175 gramos de aceite de oliva
150 gramos de tomate picado
6 dientes de ajo, sin pelar
2 tortas del pastor
Agua, suficiente para cubrir el conejo o liebre
Sal

Elaboración:

Una vez troceado el animal se sazona y se fríe, con el aceite, en una sartén honda, gazpachera, añadiéndole los ajos sin pelar, el tomate picado y el agua quedando todo bien cubierto. Se deja cocer hasta que la carne quede muy tierna, se rectifica de sal y se le añade, otra vez, un poco de agua, (un vaso aproximadamente) y se le agregan tortas del pastor cortadas a pequeños pedazos. Todo lo estaremos removiendo durante unos veinte minutos, de forma que el contenido quede trabado, ni espeso ni caldoso. De forma optativa se puede servir sobre un trozo de torta de pastor, es lo más típico.

GAZPACHO DE CAZADORES

Ingredientes para 6 personas:

1 conejo de monte o una liebre	**100 gramos de pimientos rojos**
2 perdices	**150 gramos de setas, preferiblemente níscalos**
150 gramos de jamón serrano	**1 ramita de romero o de tomillo**
6 dientes de ajo	**2 tortas de pastor**
125 gramos de tomate picado	**Sal**
150 gramos de aceite de oliva	

Elaboración:

En una sartén honda, gazpachera, se calienta el aceite y agregándole los ajos, se fríen. A continuación se incorpora el conejo o la liebre y la perdiz, todos ellos, cortados en trozos y sazonados. A mitad de fritura se agregan las setas cortadas, el jamón y el tomate. Todo el sofrito se cubre de agua y se le añade el laurel con las hierbas aromáticas.

Cuando la carne esté casi cocida, se añaden las tortas cortadas en pequeños trozos. Pasados unos veinte minutos, la pasta estará ya blanda y el guiso quedará jugoso pero con muy poco caldo; lo rectificamos de sal. Las hierbas aromáticas se retiran antes de concluir el guiso. Lo típico es comer todos de la misma sartén, también se puede servir sobre un trozo grande de torta de pastor.

GAZPACHO DE REQUENA

Receta de Lupe del Mesón del Vino, Requena. Premiada con el Plato de Oro a la Gastronomía.

Ingredientes para 4 personas:

1 conejo	**2 tortas de gazpacho o tortas de pastor**
2 perdices de monte	**3 litros de agua**
250 gramos de hígado de cerdo	**Clavo**
3 cucharadas de tomate frito	**Pimienta**
250 gramos de aceite de oliva	**Sal**
5 dientes de ajo	

Elaboración:

Una vez cocidas las carnes y el hígado de cerdo con tres litros de agua y con algo de sal, se desmenuzan y se añade, junto a las especias, en la sartén gazpachera donde se habrán sofrito los ajos con el aceite. Mientras tanto, se pone a hervir el mismo caldo donde se ha cocido las carnes y cuando se consiga su punto de ebullición, se incorpora a la sartén gazpachera. A continuación se añaden las tortas y todo se mantiene en cocción unos diez minutos hasta que se ablanden las tortas. Se puede servir en plato o sobre pedazos de torta de pastor.

CARNES

CORDERITO AL HORNO

Receta típica de Sant Mateu.

Ingredientes para 4 personas:

2 muslos de cordero con su espadilla, cortada en cuatro trozos
125 gramos de manteca de cerdo
150 gramos de vino blanco (un vaso de agua)
1 vaso de agua
1 cucharada de pimienta negra
12 patatas pequeñas
100 gramos de piñones
6 dientes de ajo
Unas ramitas de perejil
Sal

Elaboración:

Colocamos la carne en una cazuela de barro grande, a continuación la salamos por encima y la untamos con la manteca. Se añaden unas patatas pequeñas peladas, metiéndolas por los huecos de la carne. Se baña todo con el vino blanco y se añaden unos granos de pimienta negra. Aparte, en un mortero se machacan los ajos con un pellizco de sal, las ramitas de perejil y los piñones hasta conseguir una especie de pomada y se agrega el agua, removiéndolo todo bien. Este machado se aboca, poco a poco, por encima de la carne y de las patatas y se pone la cazuela al horno, que ya tenemos caliente a doscientos cincuenta grados y hasta que veamos que es asado está en su punto. La cocción suele durar sobre una hora, aproximadamente.

CABEZAS DE CORDERITO AL HORNO

Plato típico de Pedralba.

Ingredientes para 4 personas:

4 cabezas de corderito lechal completas, partidas por la mitad
2 dientes de ajo machacados en el mortero con algo de perejil y un poco de agua.

Elaboración:

Un poco de aceite de oliva, con el que se bañan las cabezas de corderito por encima y a continuación se les pone, al gusto, la sal.

Se pone el horno a calentar y cuando esté sobre doscientos cincuenta grados se introducen, en el mismo, las cabezas en una cazuela grande. Cuando estén ya casi asadas añadimos sobre ellas el ajo machacado con el perejil y se dejan en el horno, hasta que se terminen de asar.

Hay quienes la sirven con patatas cortadas en trozos no muy grandes, que previamente habremos dorado en aceite de oliva.

Albondigas de Ternera (ver pág. 189)

Potaje de Alubias con Costillas (ver pág. 86)

Manitas de Cerdo con Habichuelas (ver pág. 180)

Croquetas de Ave (ver pág. 195)

Conejo del Cazador (ver pág.166)

Blanqueta de Ternera (ver pág. 187)

Estofado de Magro (ver pág. 182)

Corderito al Horno (ver pág. 176)

Perdiz Escabechada (ver pág. 171)

Estofado de Ternera (ver pág. 183)

Pies de Ternera con Espojos (ver pág. 179)

Sangre con Cebolla (ver pág. 178)

Higado de Cordero a la Naranja (ver pág. 191)

Costillas de Cerdo con Huevos (ver pág. 179)

CORDERO GUISADO CON CREMA DE ESPÁRRAGOS

Receta del interior de Castellón.

Ingredientes para 4 personas:

1 kilo y medio de pierna de cordero limpia y sin hueso	50 gramos de nata liquida
150 gramos de cebolla picada, un poco gruesa	Pimienta negra
160 gramos de aceite de oliva	Zumo de un limón
	Sal
	Espárragos, 2 manojos

Elaboración:

Se limpian los espárragos y se ponen a cocer en una cacerola, con, aproximadamente, 1 litro agua y un poco de sal. Una vez cocidos, se escurren los espárragos y se reserva el agua. Se cortan por la mitad y la parte de abajo se tritura en la batidora, con algo de agua, hasta conseguir una crema fina.

La pierna de cordero sin hueso, se corta en trozos de unos cinco centímetros y se pasan por harina. En una cazuela de hierro, con el aceite caliente, se fríe la carne agregándole la cebolla cortada y se sofríe el conjunto hasta que esté todo dorado; seguidamente se añade, poco a poco, una taza del agua en la que hemos cocido los espárragos. Lo removemos con frecuencia hasta que la carne esté tierna; una vez tierna la carne, incorporaremos la crema de espárragos, la nata liquida y el zumo de limón y lo aderezamos con sal (al gusto) y pimienta. La salsa con la carne, la pondremos en una fuente en compañía de las yemas de los espárragos y unas patatitas pequeñas cocidas con agua y sal.

CHULETAS DE CORDERO A LA PARRILLA

Ingredientes para 4 personas:

20 chuletas de cordero lechal	Pimienta (optativo)
Aceite, sólo para untar las chuletas	Sal

Elaboración:

Las chuletas se colocan, sazonadas, sobre la parrilla, que deberá estar limpia y caliente. No deben moverse hasta que queden marcadas con los hierros en sus carnes. Cuando veamos que están marcadas les daremos la vuelta hasta que se terminen de hacer.

Las chuletas se pueden a acompañar con patatas asadas y "all i oli".

SANGRE CON CEBOLLA

Receta de Pepe Tadeo. El Cabanyal, Valencia.

Ingredientes para 4 personas:

500 gramos de sangre
750 gramos de cebolla
125 gramos de aceite de oliva
2 dientes de ajo, picados
Sal

Elaboración:

La sangre se sofríe, se corta a trocitos cuadrados y se reserva en un recipiente adecuado. En el mismo aceite se sofríen los ajos picados y la cebolla cortada en trozos no muy pequeños. Antes de que la cebolla esté del todo frita, le incorporamos la sangre y la sal, a gusto. A fuego moderado, se le va dando vueltas al conjunto durante unos minutos hasta que esté todo bien mezclado y bien rehogado. Deberemos procurar que no quede seco.

También se le pueden añadir unos piñones y pimienta negra molida, trozos de guindilla y algo de laurel. Al gusto.

LOMO DE CERDO A LA SAL

Ingredientes para 4 personas:

1 kilo de lomo de cerdo
1200 gramos, aproximadamente, de sal gruesa

Elaboración:

En un recipiente adecuado, aconsejamos una placa honda, se le pone una capa de sal de un centímetro de grosor y sobre la misma colocamos la pieza de lomo, a continuación le ponemos la sal, por encima, cubriéndolo y ayudados con las manos lo aprisionamos para formar una especie de cáscara y lo metemos al horno, cuando esté caliente, a unos doscientos grados. Estará cocido en una hora y observaremos que la costra de la sal se habrá agrietado; lo sacaremos del horno y quitando la sal lo dejamos que se enfríe durante unos minutos. Finalmente se corta en lonchas y lo servimos.

Se puede guarnecer con una ensaladilla tipo rusa.

PALETILLAS DE CABRITILLO AL HORNO

Ingredientes para 4 personas:

4 paletillas de cabritillo
1 kilo y medio de patatas, cortadas en rodajas
600 gramos de cebolla, cortada también en rodajas
175 gramos de aceite de oliva
Sal

Elaboración:

Se pone el horno a calentar a dos cientos grados, una vez caliente metemos la s paletillas, previamente untadas de aceite y sal, hasta que estén asadas.

Aparte, freímos las patatas con la cebolla. En una sartén honda, puesta al fuego, y con el aceite caliente se le incorporan las patatas con la cebolla con algo de sal y se fríen a fuego lento. Una vez fritas se reservan en una cazuela de barro grande y se llevan a la mesa con las paletillas encima.

COSTILLAS DE CERDO CON HUEVOS

Receta de Pepe Tadeo, El Cabanyal, Valencia.

Ingredientes para 4 personas:

1 kilo de costillas de cerdo
6 huevos
50 gramos de queso rallado
100 gramos de aceite de oliva

Elaboración:

Se corta las costillas a trozos, se fríen bien hasta que estén bien doradas y se ponen en una cazuela. Se baten los huevos y se ponen por encima para que las cubran. A continuación le agregamos el queso rallado y se doran al horno.

PIES DE TERNERA CON DESPOJOS

Ingredientes para 4 personas:

1500 gramos de pies de ternera
500 gramos de despojos
100 gramos de garbanzos, a remojo desde la víspera
150 gramos de jamón serrano
100 gramos de chorizo
150 gramos de cebolla picada
200 gramos de tomates maduros picados
3 dientes de ajos
4 pimientos secos y remojados
1 cucharadita de pimienta blanca
1 ramitas de hierbabuena
Sal

Elaboración:

Lo primero será limpiar bien los despojos con vinagre y sal, bañándolos en agua caliente varias veces hasta que estén bien limpios y los partimos en trozos pequeños. Los pies de ternera, después de soflamados y bien raspados, los lavaremos en agua caliente y los trocearemos. En una olla o cacerola se pondrá todo a hervir con abundante agua. Cuando haya hervido unos minutos, tiraremos el agua y añadiremos nueva muy caliente, procurando que cubra e incluso que sobrepase todos los trozos. Los dejaremos cocer hasta que estén un poco tiernos. Pondremos los garbanzos, que tendremos en remojo desde la víspera, el jamón y el chorizo, en trozos, unos tallos de hierbabuena, la cebolla troceada, los tomates también troceados y la pimienta. Aparte en un mortero machacamos los dientes de ajo y los cuatro pimientos que hemos tenido en remojo en agua caliente, añadimos sal y todo lo incorporamos en la olla. Luego lo removeremos con una cuchara de madera. Hay que dejarlo hervir lentamente hasta que esté todo tierno y rectificamos, a gusto, de sal. El caldo debe quedar espeso.

MANITAS DE CERDO CON HABICHUELAS

Ingredientes para 4 personas:

4 manitas de cerdo
300 gramos de habichuelas blancas puesta en remojo la noche anterior
125 gramos de aceite de oliva
125 gramos de chorizo, en rodajas
1 cucharada de pimentón
Una punta de pimienta negra
1 guindilla, pequeña
Sal

Elaboración:

En un perol con agua y con las manitas bien limpias y lavadas se ponen al fuego hasta que veamos que están cocidas, tiernas y con poco liquido. La cocción puede durar bastante tiempo. Aparte, en una cazuela, se ponen a hervir, en agua fría, las habichuelas hasta que estén cocidas y el liquido muy reducido. En una sartén y con el aceite caliente, se sofríen ligeramente las rodajitas de chorizo, se añade el pimentón y se incorpora todo en la cazuela en donde tenemos puestas las manitas, las habichuelas y el caldo. Se añade la sal y se deja hervir, a fuego moderado, unos quince minutos, vigilando la cocción para evitar que se pegue o se queme.

El líquido ha de quedar trabado, como una salsa densa.

PATAS DE CERDO

Ingredientes para 4 personas:

6 patitas de cerdo
125 gramos de tomate maduro
125 gramos de cebolla
125 gramos de aceite de oliva
3 clavos de aliño
1 hoja de laurel
1 vaso de vino blanco seco
1 zanahoria
1 pimiento
1 cucharadita de pimienta negra en grano
Sal

Elaboración:

Limpiar y cortar las patas de cerdo (manos y pies). Colocar en una cazuela honda con agua y dejar hervir hasta que estén tiernas, una hora aproximadamente. Trascurrido el plazo, eliminar los huesos que hayan quedado sueltos. Aparte sofreír la cebolla, el tomate, el pimiento, la zanahoria y el laurel. Agregar un buen chorro de vino blanco seco y la pimienta en grano. Incorporar las patas de cerdo y mantener la cocción durante unos minutos, rectificar de sal a gusto.

AJO PRINGUE O DE MATADERO

Plato típico del día de la matanza.

Ingredientes para 4 personas:

500 gramos de pan casero
300 gramos de tocino blanco
300 gramos de hígado de cerdo
100 gramos de aceite de oliva
1 cabeza de ajos
1 cucharada de pimentón
1 cucharada de canela
1 cucharadita de pimienta negra molida
Una pizca de clavo
50 gramos de piñones
Sal

Elaboración:

Comenzaremos preparando los ingredientes. Desmigar el pan, reservando la corteza entera y procurando que la miga quede bien menuda. Añadirle las especias y mezclar. Cortaremos el tocino en loncha de un centímetro. Trocearemos el hígado y pelaremos los ajos. Reservamos todos los ingredientes.

En una sartén con un poco aceite, freiremos el tocino y una vez frito lo retiramos del aceite. En ese mismo aceite se fríe el hígado y los ajos durante 3 ó 4 minutos, los retiramos del fuego y los machacamos, juntos, en un mortero. Se reservan.

En la misma grasa freiremos, ligeramente, las migas de pan e iremos incorporando agua caliente hasta que obtenga la consistencia de un puré. Remover sin cesar.

Añadiremos el majado del hígado y ajos y, por ultimo, los piñones y la sal. No deberemos dejar de remover durante veinte minutos. Sabremos que está a punto cuando los piñones suban a la superficie. Para comerlo, utilizar como cuchara las cortezas del pan.

LOMO DE CERDO RELLENO DE HUEVOS DUROS

Ingredientes para 4 personas:

1 kilo de lomo, entero	**4 dientes de ajo**
4 ó 5 huevos duros, no muy gordos	**Un vaso de vino blanco**
8 ó 10 granos de pimienta negra	**Un vaso de agua**
125 gramos de aceite de oliva	**Sal**

Elaboración:

Utilizando un punzón, o un cuchillo largo y fuerte, se va perforando el centro del lomo y se introducen, poco a poco, con una pizca de sal y los granos de pimienta negra, los huevos duros bañados de aceite. Se cosen los extremos y se va rodeando y apretando con un hilo bramante.

En una cazuela de hierro y con el aceite caliente, se pone el lomo sazonado de sal, acompañado de una cebolla cortada en varios trozos y cuatro ajos ligeramente machacados y sin pelar. A fuego moderado y dándole las vueltas precisas, se va sofriendo hasta dorase por todas parte; en este punto se añaden un vaso de vino blanco y otro de agua. Rectificar de sal. Se deja cocer, tapando la cazuela, a fuego no fuerte y dándole vueltas para que la cocción sea uniforme y no se queme la parte inferior. Ya cocido, se saca de la cazuela y se pone en la fuente hasta que se enfrié. La salsa que quede en la cazuela, se pasa por un colador y se reserva en un bol o salsera. Cuando la carne esté fría del todo, se corta en lonchas y puede comerse fría o caliente, bañándola con la salsa.

ESTOFADO DE MAGRO DE CERDO

Ingredientes para 4 personas:

1 kilo de magro de cerdo	**laurel, atadas juntas**
750 gramos de cebolla, cortada gruesa	**150 gramos de aceite de oliva**
125 gramos de tomate maduro	**Un vaso de vino blanco, seco**
4 dientes de ajo, picados	**Un vaso de agua**
1 ramita de tomillo con 2 hojas de	**Pimienta blanca**
	Sal

Elaboración:

Se corta la carne en filetes gruesos, se sazonan con la sal y la pimienta y en una sartén, puesta al fuego con el aceite caliente, se fríen hasta que se doren. Se retiran las cortadas de carne y, en el mismo recipiente, se doran el ajo, la cebolla y el laurel con el tomillo, a continuación se sofríe el tomate. En una cazuela de barro o de hierro se colocan los filetes de magro sobre un lecho con la mitad del sofrito y se recubren con la otra mitad. Seguidamente cubre el conjunto con los vasos de vino blanco y de agua. Se rectifica de sal. Se tapa el recipiente y se cuece a fuego lento durante unos diez minutos, aproximadamente.

ESTOFADO DE TERNERA

Receta típica de Altura.

Ingredientes para 4 personas:

1 kilo de ternera para guisar
250 gramos de cebolla, cortada en trozos pequeños
150 gramos de aceite de oliva
125 gramos de tomate picado
10 almendras fritas
Unas ramas de perejil
5 dientes de ajo, picados
750 gramos de patatas, cortadas en dados gruesos
1 hoja de laurel
Algo de pimienta negra de molinillo
Un poco de zumo de limón
1 copa de brandy (optativo)
Sal

Elaboración:

Se corta la patata y en una cazuela de hierro, con el aceite caliente, se fríen a fuego lento y una vez fritas se reservan. En la misma cazuela, se sofríe la carne previamente sazonada con la sal y la pimienta de molinillo, a gusto. Una vez dorada la carne, se le incorporan los ajos picados, la cebolla, después el tomate y el laurel. Se baña el conjunto con el brandy (optativo) y el agua y se cuece a fuego lento, con la cazuela tapada, hasta que la carne esté tierna y cocida. Se le incorporan las patatas, prologando la cocción unos minutos y se rectifica de sal. Se ameniza el estofado en los últimos minutos con un majado de almendras y perejil, bañado con un poco, al gusto, de zumo de limón.

ROLLITOS DE TERNERA

Ingredientes para 6 personas:

1200 gramos de carne, cortada en filetes finos
125 gramos de tocino con beta
50 gramos de manteca
150 gramos de magro de cerdo, ya cocido
1 puerro pequeño, sólo lo blanco
200 gramos de verduras variadas
3 dientes de ajo
2 cucharadas de mostaza
2 cucharadas de harina
50 gramos de mantequilla
Un vaso de agua
Medio vaso de vino banco
100 gramos de pan rallado
2 huevos
Una cucharada de perejil picado
2 copas de brandy
Sal

Para el relleno: el tocino, la ternera cocida, el puerro, los dos ajos, el perejil, todo bien picado, el pan rallado, los dos huevos batidos y una copa de brandy.

Para hacer la salsa: verduras variadas, cincuenta gramos de manteca, un vaso de agua, medio vaso de vino, dos cucharadas de harina y cuarenta gramos de mantequilla.

Elaboración:

Los filetes de carne los allanaremos con una maza hasta que queden muy delgados, procuraremos que formen un recuadro de unos diez centímetro. Se sazonan con un poco de mostaza, sal y pimienta negra.

Se pica el tocino de beta, en compañía de la carne de cerdo. Aparte se pican el puerro y el otro ajo. En una sartén sofreímos, en mantequilla, el picado de ajos y lo mezclaremos con la carne picada, el pan rallado y los huevos batidos; se le añade el perejil, la sal, la pimienta y el brandy. Repartiremos este relleno sobre los filetes de carne, que enrollaremos y ataremos con hilo de bramante. La salsa se prepara con la cebolla bien picada y dorada en una cazuela con la manteca, a fuego suave. Las verduras que vayamos de utilizar, las tendremos bien limpias y desmenuzadas y las sofreiremos también.

Seguidamente, colocaremos los rollos de carne rellenos sobre el sofrito, añadiremos el agua junto con el vino y taparemos la cazuela para meterla en el horno a doscientos grados. Pasado unos veinte minutos, la destaparemos para, un poco antes de sacarlos, darles la vuelta a los rollos a fin que estén cocidos por todas partes.

Cuando lo estén, los sacaremos, les quitaremos el bramante y los colocaremos sobre una fuente con las verduras cocidas a su alrededor. Reduciremos la salsa haciéndola hervir un poco y le añadiremos una pomada echa de harina y mantequilla, removiendo sin cesar hasta obtener una salsa fina y ligada con la que rociaremos los rollos rellenos.

TERNERA RELLENA CON RIÑONES

Ingredientes para 6 personas:

1 kilo y medio de ternera, de la parte del pecho y la paletilla
500 gramos de riñones de ternera
Unos huesos, de la parte del pecho
3 dientes de ajo
Unas ramitas de tomillo
125 gramos de cebolla
125 gramos de zanahorias
Un vaso de vino blanco
Un vaso de agua
Pimienta blanca molida
Sal

Elaboración:

Se limpian bien los riñones y se les quita toda la grasa, la piel y los nervios con unas tijeras. Se coloca la carne, abierta en forma de libro, y se le ponen encima los riñones abiertos; se sazona con sal y pimienta blanca molida. Tanto los ajos picados así como el tomillo, los esparciremos sobre los riñones. Se enrolla la carne y se ata con hilo bramante a fin que no se salga el relleno. Se sazona un poco por fuera y se introduce en el horno con algunos huesos del pecho, la cebolla y las zanahorias troceadas, bañando la carne con los vasos de vino blanco y de agua. La cazuela bien tapada y con el horno caliente, a unos doscientos grados, la tendremos en cocción durante unos noventa minutos; a la mitad de ese tiempo se le da la vuelta a la carne y se le añade más vino y agua si viéramos que hace falta. Unos quince minutos antes de terminar la cocción se deja destapada la cazuela para que se dore la carne. Después de cocida, se deja enfriar en una fuente. Todo el caldo que quede en la cazuela junto con las verduras y los huesos se vuelven a meter en el horno y se cuecen durante treinta minutos y se pasan por un colador. Se pueden dejar en el frigorífico para obtener una especie de gelatina, que serviremos acompañando la carne,

De guarnición, recomendamos, una ensalada de lechuga, tomate y pepino. También se pueden servir unas patatas cortadas en rodajas y salteadas con ajos.

"FIGATELLS"

Receta típica de Gandía.

Ingredientes:

1500 gramos de tocino magro de cerdo, picado
500 gramos de hígado de cerdo
125 gramos manteca de cerdo
40 gramos de sal
Nuez moscada
Perejil

Elaboración:

Se amasan todos los ingredientes, en crudo, se forman unas bolas que se envuelve en manteca de cerdo. Una vez realizado, se harán a la plancha o en barbacoa.

REDONDO DE TERNERA

Ingredientes para 6 personas:

1 redondo de ternera, entero
150 gramos de cebolla
1 cucharada de azúcar
2 clavos de especia
2 hojas de laurel
Un vaso de vinagre
Vaso y medio de agua
Unos granos de pimienta negra
Un trozo de corteza de pan
100 gramos de manteca de cerdo
2 cucharaditas de harina de maíz.
Sal

Elaboración:

Se limpia bien el redondo quitándole toda la grasa y se ata con hilo de bramante a fin de que no pierda la forma redonda. En una vasija de barro, suficientemente grande, se coloca la carne, la cebolla cortada en rodajas, los granos de pimienta, los clavos de especia, el laurel, el azúcar y la sal. Bañaremos, los mencionados ingredientes, con el vinagre que previamente habremos rebajado con el vaso y medio de agua. Todo tapado, se deja en un sitio fresco durante tres días. Se le deberá dar la vuelta cada día con el fin de que se adobe muy bien.

Pasado este periodo de tiempo, se escurre la carne y se seca bien con un paño. El aderezo, convertido en salsa, se reserva.

En una cazuela bastante honda se derrite la manteca y se dora la carne con fuego fuerte. Se le añade el aderezo bien colado y el trozo de corteza de pan, y se deja cocer a fuego suave el tiempo suficiente hasta que la carne quede tierna. La harina de maíz se diluye en un poco de agua y se le añade a la salsa; se remueve todo.

Después de cocida la carne, le quitaremos el bramante y la cortaremos en lonchas para servirla acompañada de cualquier guarnición de patatas o de verduras. La salsa se servirá, en salsera aparte, caliente.

BLANQUETA DE TERNERA

Ingredientes para 4 personas:

1 kilo y medio de ternera, de pecho o espalda
2 vasos de vino blanco, seco
2 zanahorias
150 gramos de cebolla
1 manojito de hierbas aromáticas
100 gramos de mantequilla
200 gramos de champiñones
2 yemas de huevo
125 gramos de nata liquida
Pimienta blanca
Sal

Elaboración:

En una cazuela se ponen a calentar un litro y medio de agua y el vino blanco; se añade la sal y la pimienta blanca, la zanahoria troceada, la cebolla, cortada a rodajas gruesas y el manojito de hierbas compuesto por dos hojas de laurel y un poco de tomillo y todo se deja hirviendo durante un cuarto de hora. A continuación se incorpora la carne, que se tendrá hirviendo, a fuego suave, durante cuarenta minutos. Se saca la carne de la cazuela y se deja escurrir. En una sartén calentaremos los cincuenta gramos de mantequilla y añadiremos la harina para dórala un poco, e iremos incorporándole un poco del liquido de la cazuela. Pondremos la carne, que a de estar bien bañada en la salsa, y la dejaremos cocer un poco, incorporándola después, junto al caldo de la sartén, en la cazuela que volveremos a poner al fuego y donde hervirá hasta que la carne esté tierna. Ahora la añadimos los champiñones bien limpios y troceados, que salteamos con la mantequilla. Las yemas de huevo las diluiremos junto con la nata liquida para incorpóralo todo a la cazuela donde está la carne y lo moveremos para que ligue. Dejaremos cocer la carne unos minutos más y colocándola en una fuente la podemos servir acompañada de arroz blanco.

En algunos pueblos del interior de la Comunitat Valenciana, en lugar de champiñones se le incorporan setas.

LENGUA DE TERNERA ESTOFADA A LA VALENCIANA

Ingredientes:

1 lengua de ternera
1 cebolla grande, cortada en trozos
3 dientes de ajo, enteros
2 hojas de laurel
2 vasos de vino blanco
Una cucharita de pimienta negra molida
150 gramos de aceite de oliva
200 gramos de tomate pelado y picado
Sal

Elaboración:

En una olla puesta al fuego con dos litros de agua, aproximadamente, ponemos la lengua a escaldar con un poco de sal, después de unos minutos se saca y le quitamos la piel cuando aún está caliente. En una cazuela de hierro o cacerola, puesta al fuego con el aceite se sofríen los ajos enteros, con la cebolla, el laurel y el tomate picado, con algo de sal y la pimienta negra molida. A continuación le agregamos la lengua con el vino y, cuando reduzca a la mitad, la cubrimos de agua dejándola cocer hasta que esté tierna. Le iremos dando la vuelta para que se cueza bien por ambos lados. Rectificaremos de sal y reservamos la salsa.

Una vez cocida se corta en lonchas y se colocan en una fuente. Con la salsa se baña la lengua. De guarnición podemos presentar patatas fritas o patatas pequeñas cocidas.

JARRETE A LA VALENCIANA

Ingredientes para 4 personas:

2 kilos de jarrete de ternera con hueso	**Un vaso de vino blanco**
200 gramos de zanahorias carlotas	**1 cucharadita de pimienta negra**
2 pencas de apio	**3 dientes de ajo picados**
400 gramos de tomate triturado	**150 gramos de aceite de oliva**
	Sal

Elaboración:

Hay que pedir al carnicero que corte el jarrete en lonchas con 4 ó 5 centímetros de grosor. A una cazuela de hierro grande se le añade el aceite y cuando esté caliente se le incorpora las lonchas de carne, previa y ligeramente, pasadas por harina y se doran.

A continuación se sofríen la cebolla y el ajo picado, también la zanahoria y se le agrega el tomate picado y triturado y se sofríe el conjunto. Seguidamente añadiremos el vino blanco, la pimienta negra y sal. Tapamos la cazuela, y dejamos cocer, poco a poco, hasta que la carne esté tierna. Como guarnición se puede presentar con un arroz azafranado o unas patatitas cocidas.

ALBÓNDIGAS DE TERNERA ESPECIADA

Ingredientes para 4 personas:

1 kilo de carne de ternera picada
100 gramos de cebolla picada
1 ramitas de perejil picado
Ralladura de nuez moscada
1 cucharadita de pimienta negra
Media cucharadita de canela molida
100 gramos de pan mojado en leche
2 huevos
175 gramos de aceite de oliva
250 gramos de salsa tomate
Sal

Elaboración:

Mezclar la carne picada con el pan escurrido de leche, la cebolla picada, el perejil, la nuez moscada, la sal, la pimienta y la canela y los huevos, previamente batidos, hasta obtener una masa consistente con la que hacer las bolas de forma un poco alargada (albóndiga) y se pasan por harina. En una sartén, con el aceite bien caliente, se fríen. Una vez fritas se van colocando en una cazuela de barro y se les baña con la salsa de tomate. Seguidamente se colocan en el horno, ya caliente, a ciento sesenta grados y durante unos quince minutos.

La podemos presentar con una guarnición de patatitas doradas al horno con algo de sal.

GUISO DE NOVIA

Propio de L' Horta de València.

Ingredientes para 4 personas:

500 gramos de pollo
500 gramos de conejo
400 gramos de magro de cerdo, picado
1 ramitas de perejil
3 dientes de ajo
160 gramos de aceite de oliva
3 yemas de huevo
250 gramos de tomate
150 gramos de cebolla
Harina
50 gramos de almendras fritas
100 gramos de pan remojado en leche
40 gramos de piñones
1 cucharadita de pimienta negra molida
Nuez moscada
1 litro y medio de agua
Sal

Elaboración:

En un recipiente adecuado se coloca la carne de cerdo picada y le vamos incorporando, poco a poco, el pan remojado en leche y escurrido, las yemas de huevo, los piñones, un poco de pimienta molida, la sal y la ralladura de nuez moscada.

Una vez se ha logrado una pasta homogénea, se amasa y se divide en doce pelotas (albóndigas) que se rebozan en harina, se fríen y se reservan.

Puesta una cazuela al fuego, se incorpora en ella el aceite donde hemos frito las albóndigas. Cuando esté caliente, se sofríen los ajos y la cebolla picados. La carne del pollo y del conejo, cortada en trozos no muy grandes, se añade y, también, se fríen ligeramente. Después de triturado el tomate, se agrega al preparado y se sofríe del mismo modo. Se pone, en la cazuela, el agua y se deja cocer a fuego moderado. Mediada la cocción de la carne, unos 18 minutos aproximadamente, se incorporan las albóndigas. Las almendras y el perejil se majan en un mortero, y se colocan encima del guiso unos cinco minutos antes de su conclusión.

GALLINA EN PEPITORIA

Ingredientes para 6 personas:

1 gallina de 2 kilos, aproximadamente, que sea tierna
175 gramos de aceite de oliva
100 gramos de almendras crudas
3 rodajas de pan, grandes
125 gramos de harina
4 dientes de ajo
1 vaso de vino blanco
300 gramos de cebolla, picada fina
2 huevos cocidos
2 hojas laurel
Pimienta negra molida
Perejil
Azafrán
Sal

Elaboración:

Trocear la gallina, reservar los higaditos y preparar un caldo con la carcasa.

La gallina, ya troceada, se adereza con sal y pimienta y se reboza con harina; después se sofríe en aceite y se escurre. Seguidamente se pone en una cazuela. En la sartén dejaremos un poco de aceite para sofreír el higadito, el pan y también las almendras, que reservaremos. En el aceite sobrante se sofríe la cebolla; cuando esté dorada, se añade a la cazuela junto con el azafrán, se incorpora el vaso de vino y el caldo, hasta cubrir la gallina, además del laurel y el perejil. Todo se deja cocer unos cuarenta minutos, aproximadamente, dependiendo de la dureza de la gallina y se remueve con frecuencia para que no se queme y se rectifica de sal. Unos minutos antes se le incorpora el majado de almendra, el higadito, las yemas de huevo duro diluidas con un poco de caldo. Las claras del huevo duro se pican y se ponen por encima del guiso. De guarnición unas patatitas cocida o arroz azafranado, quedarán muy bien.

ENCEBOLLADO DE HÍGADO

Ingredientes para 4 personas:

1 kilo de hígado de ternera
8 cucharadas de aceite de oliva
100 gramos de mantequilla
1 kilo de cebolla
1 cucharada de harina
1 vaso de caldo puede hacerse de huesos de ternera
300 gramos de leche
1 cucharada de vinagre
Pimienta negra, en grano
Sal

Elaboración:

Pondremos las lonchas de hígado dentro de la leche durante cuarenta y cinco minutos luego las sacaremos y las dejaremos escurrir, seguidamente las pasaremos por la harina.

La cebolla se cortará a rodajas delgadas que sofreiremos, a fuego moderado, con setenta gramos de mantequilla y con un poco de aceite, removiéndolas continuamente, para que no se peguen, hasta que estén doradas. A los 30 gramos restantes de mantequilla le incorporaremos la cucharada de harina para formar unas bolitas que uniremos a la cebolla, ya dorada, y removeremos hasta que se diluyan en la salsa. Seguidamente se le añade el caldo caliente, poco a poco, y se deja cocer unos minutos; luego se añade el vinagre, la sal y la pimienta negra.

Freiremos las lonchas de hígado pasadas por la harina con algo de sal y las colocaremos sobre una fuente. Por encima las bañaremos con la salsa caliente y rectificaremos de sal.

HÍGADO DE CORDERO A LA NARANJA

Plato típico en la Costa de Azahar.

Ingredientes para 6 personas:

1200 gramos de hígado de cordero
3 dientes de ajo
125 gramos de cebolla
3 cucharadas de aceite de oliva
100 gramos de mantequilla
Un poco de harina
3 cucharadas de perejil picado
Una naranja
Una cucharada de ralladura de cáscara de naranja
1 vaso de vino blanco
Sal

Elaboración:

El hígado lavado y secado con un paño, se corta en lonchas de un dedo de grosos y se pasan por harina. Picaremos la cebolla y los ajos y los sofreímos con el aceite y la mantequilla. Cuando la cebolla se vea dorada, pondremos encima las lonchas e iremos sofriéndolas hasta que suelte todo el jugo. Posteriormente se colocará todo el sofrito en una fuente procurando que se mantenga caliente.

Preparamos la salsa con el zumo de la naranja y el vino blanco, ambos puestos a hervir hasta reducirlos a la mitad. A continuación lo separamos del fuego y le añadiremos el perejil picado. Con esta salsa bañaremos las lonchas de hígado que espolvorearemos con la ralladura de naranja.

Se le puede acompañar con unas patatitas cocidas, pequeñas.

POLLO AL AJILLO

Receta de Virginia, Benetusser.

Ingredientes para 4 personas:

1 pollo de 2 kilos, aproximadamente
10 dientes de ajo, picados
2 hojas de laurel
150 gramos de aceite de oliva
1 vaso de vino blanco
1 vaso de agua
Sal

Elaboración:

Se corta el pollo en trozos regulares. En una cazuela, puesta al fuego, con el aceite caliente se incorpora el pollo sazonado y se fríe con fuego moderado.

Una vez el pollo frito se le agrega los ajos y las hojas de laurel hasta que dore, a continuación el vino blanco. A los cinco minutos de cocción, se agrega un vaso de agua y se rectifica de sal. Lo dejamos, en cocción, hasta que la carne esté tierna y quede poca salsa.

Una vez terminada se dispone en una fuente. De guarnición patatas fritas, combinación más que excelente.

POLLO A LA JARDINERA

Ingredientes para 6 personas:

1 pollo de unos 2 kilos
100 gramos de tocino con beta
16 cucharadas de aceite de oliva
1 kilo de patatas
2 nabos
200 gramos de cebolla
200 gramos de champiñón
500 gramos de tomate maduro
1 manojito de hierbas aromáticas: perejil, tomillo, laurel atado
Pimienta negra molida
Una rama de apio
Sal

Elaboración:

Se trocea el pollo en partes no muy grandes; el tocino se corta a cuadritos; se pica la cebolla; el apio, se corta a pedacitos y los champiñones después de limpiarlos, se cortan en cuartos. En una sartén se pone el aceite y se rehoga el tocino, la cebolla, los champiñones y el apio; después se saca todo ese sofrito y se pone en una cazuela grande. Los pedazos de pollo se sofríen en la sartén, añadiendo un poco de aceite, si es preciso, y a continuación se coloca en la cazuela, donde podremos también las patatas, los nabos -todo pelado y troceado-, el tomate picado y el manojito de hierbas aromáticas. Lo salpimentaremos y taparemos la cazuela a fin de que no se escape el vapor. Dentro del horno, a una temperatura de ciento cincuenta grados, lo dejaremos hasta que esté cocido. A la hora de servir, lo espolvorearemos con perejil picado y con raspadura de cáscara de naranja.

GALLINA TRUFADA

Receta típica de Morella

Ingredientes para 6 personas:

1 gallina de 2 kilos, aproximadamente, que sea tierna
600 gramos de magro picado
300 gramos de jamón serrano
100 gramos de piñones
3 trufas de verano
150 gramos de ciruelas secas, deshuesadas
1 cucharadita de hierbas aromáticas molidas
Pimienta negra
1 copa de brandy
Sal
Para el caldo: 1 hueso de jamón, 2 huesos de ternera, los huesos de la gallina, 1 rama de apio, 2 puerros sólo lo blanco, 2 zanahorias, 1 nabo
1 hueso de espinazo de cerdo.

Elaboración:

Se deshuesa la gallina y se sazona con sal y pimienta su interior. En un recipiente adecuado se mezclan el magro, las trufas cortadas en láminas, el jamón cortado en tiras, los piñones y las ciruelas secas; se mojan con el brandy y se sazonan con la pimienta mezclada con la sal y también con las hierbas aromáticas molidas. Con esta mezcla se rellena la gallina. A la gallina rellena se le procurará dar forma natural cosiéndola con hilo, envolviéndola, como atada, con hilo bramante. Seguidamente se coloca en una olla donde el caldo ya ha estado cociendo durante una hora con todos sus ingredientes. Cocerá durante sesenta minutos, a fuego moderado, procurando que el caldo la cubra siempre, por ello, si es preciso, le añadiremos más liquido. Una vez cocida se saca y la dejamos enfriar. Se corta en lonchas y se sirve fría. Con el caldo colado podemos hacer una sopa de arroz o unos fideos cabello de ángel.

POLLO RELLENO

Receta típica de Teresa de Cofrentes.

Ingredientes:

1 pollo grande y gordo	**50 gramos de pan rallado**
150 gramos de magro picado	**1 cucharada de pimentón**
150 gramos de jamón serrano	**3 dientes de ajo**
2 huevos duros picados	**50 gramos de piñones**
1 huevo crudo	**Perejil**
100 gramos de cebolla rallada	**Aceite de oliva**
50 gramos de zanahoria	**Sal**

Elaboración:

Se toma el pollo y, entero y sin abrir, se le quitan las patas, las puntitas de las alas y el cuello, procurando que al quitar éste, quede un buen trozo de piel que luego nos hará falta.

Por la parte del espinazo cortar la piel, en línea recta, desde el trasero hasta el principio del cuello. Con un cuchillo se aparta la piel y la carne, quedando al descubierto todo el caparazón o espinazo; se quita algún hueso que queda, el muslo de la pierna y el bracito del ala. Se va apartando la carne del hueso y va quedando como un calcetín al revés; lo ponemos en su forma normal y ya tenemos el pollo deshuesado y dispuesto para rellenar. Salamos el pollo.

Para el relleno tenemos el magro picado, un poquito de sal y el jamón, cortado en trocitos, lo mismo que el huevo duro, lo amasamos todo con el huevo crudo y el pan rallado, procurando que quede bien mezclado. Se le cose con un puntito la punta del muslo y del bracito, dejando el hilo largo para luego quitarlo con facilidad. Rellenar lo primero estos extremos y luego el resto del pollo. Se cose teniendo en cuenta la piel que dejamos en el cuello, para evitar que salga el relleno.

Los huesos que hemos quitado del pollo se ponen a hervir. Este caldo y la carne que se desprende de los mismos se añaden a la cacerola en la que hemos puesto el pollo. Aparte hacemos un sofrito con la cebolla rallada, trocitos de jamón, una pizca de pimentón y se les incorpora a la cacerola con la zanahoria, en rodajas finas.

Finalmente se mondan los ajos, los piñones, el perejil, una yema de huevo duro, el higadito del pollo, que debe estar frito, y todo ello se va poniendo, bien repartido, en la cazuela. Lo dejaremos cocer hasta que vemos que está en su punto, tanto el pollo como la salsa.

Se sirve frío, o caliente, trinchado en lonchas.

CROQUETAS DE AVE

Receta de María Pérez, de Valencia.

Ingredientes para 4 personas:

5 cucharadas de harina, soperas
1 litro de leche
150 gramos de aceite de oliva
600 gramos de cebolla picada
200 gramos de pechuga de pollo, muy picada
Ralladura de nuez moscada
Sal

Elaboración:

En una cazuela de hierro se pone el aceite a calentar, se le incorpora la cebolla y se fríe lentamente sin que dore, a continuación se agrega la pechuga picada y se sofríen. Una vez sofrita agregamos la harina, la leche en crudo y la ralladura de nuez moscada; utilizando una cuchara o varilla metálica se diluye bien, poniéndole sal a gusto. Cuando empieza a espesar se mueve con una espátula de madera, procurando que no se nos agarre, dejándolo cocer durante unos diez minutos. Una vez cocida y hecha la pasta se coloca en una fuente y se deja enfriar. Cuando esté fría haremos las croquetas pasándolas por huevo batido y pan rallado. Seguidamente las freímos y ya están listas para degustar.

REFRESCOS Y HELADOS

AGUA DE CEBADA

Receta típica de La Villa Joyosa.

Ingredientes:

2 litros de agua
1 paquete de cebada, en grano
1 ramita de canela, en rama
La corteza de un limón
Azúcar

Elaboración:

Tostar la cebada en una sartén a fuego lento. A continuación, y cuando esté fría, molerla con la ayuda de un molinillo. En una olla o puchero hervir el agua con la corteza de limón y la canela en rama e incorporar la cebada procurando que no se nos salga cuando en agua empiece a hervir. Agregar el azúcar a gusto. La colaremos y pondremos en el congelador. De vez en cuando, la deberemos remover para que no se pegue a las paredes.

AGUA DE LIMÓN

Receta típica de Altea.

Ingredientes:

2 litros de agua
Un limón, su zumo y ralladura
1 ramita de canela, en rama
Azúcar

Elaboración:

Rallar la piel de limón y colocarla en un mortero. Agregar el zumo de limón, la ramita de canela, junto con tres cucharadas de azúcar y majarlo todo hasta que quede una pasta. Añadir esta pasta a los dos litros de agua, con azúcar a gusto y colarlo todo a fin de que no se note la ralladura del limón. Enfriar en el congelador removiendo, de vez en cuando, para evitar que se pegue a las paredes.

CAFÉ GRANIZADO

Ingredientes:

2 litros de agua
150 gramos de café molido, mejor de mezcla
3 cucharadas de achicoria
Azúcar

Elaboración:

En un puchero o cazo hervir el agua con el azúcar e incorporar el café molido, procurando que, al hervir, no se nos salga. Agregar la achicoria, que ya tenemos molida y hervida, a parte, en un cazo. Añadir azúcar a gusto. Colar y enfriar en el congelador. Removiendo de vez en cuando, para que no se nos pegue a las paredes.

LECHE MERENGADA

Ingredientes:

1 litro de leche	**3 claras de huevo**
350 gramos de azúcar	**Una corteza de limón**
1 rama, grandecita, de canela	**Canela, en polvo**

Elaboración:

Hervir la leche con ciento cincuenta gramos de azúcar y la canela en rama. Colar, enfriar y ponerla a helar. Cuando empiece a congelarse añadiremos las claras de huevo montadas con el resto del azúcar. Volver a introducir en el congelador. Al servir, poner la leche merengada en copas dándole forma de pirámide y espolvorear con canela.

HORCHATA VALENCIANA

Recete típica de Alboraia.

Ingredientes:

1 kilo de chufa	**5 litros de agua**
1 kilo de azúcar	

Elaboración:

Pondremos las chufas a lavar y las frotáremos para quitarles toda la tierra. Las dejaremos a remojo, al menos 12 horas, cambiándoles varias veces de agua, hasta que veamos que están hinchadas. Seguidamente se les tritura, muy bien, en la picadora y se les incorpora el azúcar con los cinco litros de agua y se deja reposar, en el frigorífico, durante doce horas. Pasado ese tiempo, se cuela por un chino, procurando presionar muy bien la pulpa resultante. Repetir la operación hasta que termine de colarse todo el líquido de horchata.

Una vez colada, se distribuye en varios recipientes y se pone en el congelador hasta el momento de servirla. Se saca y, triturándose, se sirve granizada.

Nota: si se va a consumir pronto, se deja enfriar y se sirve liquida.

AGUA DE VALENCIA

Elaboración:

Para un jarra de un litro exprimiremos, en primer lugar, naranjas hasta conseguir unos 180 gramos de zumo. A este, le añadiremos una botella de cava seco, una copa de vodka y otra de ginebra. Pondremos azúcar al gusto.

Finalmente, y antes de consumir, la pondremos a enfriar en frigorífico.

HELADOS

Los helados artesanos valencianos fueron pronto conocidos en toda España, y hubo una localidad alicantina, Xixona, que supo darles, si cabe, fama mundial. Sirve su elaboración como alternativa veraniega a la más famosa y conocida elaboración de sus turrones.

HELADO MANTECADO

Receta típica de Alfàz del Pí.

Ingredientes:

2 litros de leche	**1 ramita de canela**
225 gramos de azúcar	**3 huevos**
1 vaina de vainilla	**2 yemas**

Elaboración:

Hervir la leche con la canela, la vainilla y el azúcar y dejar enfriar. Incorporar los 3 huevos y las 2 yemas batidas y remover. Pasarlo por un colador. Dejar enfriar en el congelador, removiendo de vez en cuando, hasta que el helado quede cremoso.

"GELAT DE TARONJA"

Ingredientes:

100 gramos de leche
300 gramos de zumo de naranja (6 piezas)
300 gramos de nata
250 gramos de azúcar
1 limón, su zumo
Colorante admitido, unas gotas

Elaboración:

Para el jarabe, ponemos los 250 gramos de azúcar junto con 100 gramos de agua y se cuece dejándolo recudir un 40 por ciento. Se reserva.

En la heladora se mezcla la leche, el zumo de las naranjas, la nata, el zumo del limón y el jarabe reservado, obteniendo una crema de helado suficientemente densa.

POSTRES Y DULCES

"ARNADÍ"

Receta de María Isabel Penadés, de Xàtiva.

Ingredientes:

1500 gramos de calabaza
750 gramos de azúcar
250 gramos de almendras
4 huevos
Canela
La ralladura de un limón

Elaboración:

Se asa la calabaza, se extrae la pulpa y se deja escurrir, colgándola en un paño de tela durante al menos veinticuatro horas.

Mezclaremos la pulpa, el azúcar, las almendras molidas, la canela y la ralladura del limón. Se añaden, por ultimo, las yemas de huevos y se amasa (se puede hacer sin huevo, lo que permite tenerlo más tiempo en la nevera). Se coloca sobre cazuela de barro de unos 20/25 cm de diámetro, formando una figura, similar a una colina. El tiempo de cocción es al punto, hay que ir pinchándolo para saberlo.

Esa "colina" se puede pintar con claras de huevo (opcional). Finalmente, se espolvorea abundantemente con azúcar y canela, colocándole, como decoración, almendras enteras. Aunque lo clásico es que se tome a temperatura ambiente, está muy bueno frio, después de un tiempo en la nevera.

PASTEL DE ALMENDRA Y ANÍS

Ingredientes:

300 gramos de mantequilla
300 gramos de azúcar
400 gramos de harina
100 gramos de almendras
2 sobres de vainilla
1 sobre de levadura en polvo
3 huevos y leche
1 cucharada de anís dulce

Elaboración:

En un lebrillo de tamaño medio, se obtiene una crema batiendo doscientos gramos de mantequilla y doscientos gramos de azúcar, empleando para batir cuchara de madera; se añaden un pellizco de sal y un sobre de vainilla. Al batido se le incorporan los huevos enteros, la harina tamizada, la levadura y cinco cucharadas soperas de leche (o algo más si la pasta resulta espesa) y se continúa batiendo, algo que no se debe interrumpir nunca. A continuación, se agrega el anís, gota a gota, y se continúa batiendo. Finalmente, se deja reposar la masa obtenida durante unos diez minutos.

Se toma un molde de tarta, se unta con mantequilla y se forra de papel vegetal, también untado con mantequilla; se rellena con la pasta antes obtenida y se iguala con la cuchara.

Aparte, en un cazo se disuelve el resto del azúcar con seis cucharadas de leche y la mantequilla restante; se añade el segundo sobre de vainilla y cuando el azúcar se haya disuelto completamente, se añaden las almendras, previamente escaldadas, peladas y picadas. Se dejan acaramelar, se sacan del fuego y se dejan reposar unos minutos, seguidamente, se incorporan sobre el anterior compuesto.

El pastel, lo colocaremos en el horno, a ciento ochenta grados y durante unos sesenta minutos, pasado este tiempo se retira. Después de dejarlo enfriar durante unos minutos, ya se puede servir.

"MOIXÀVENA"

Receta de María Isabel Penadés, de Xàtiva.

Ingredientes:

3 tacitas de agua caliente	**Azúcar**
2 tacitas de aceite de oliva	**Canela**
Harina	**Manteca de cerdo**
4 huevos	

Elaboración:

Mezclamos el agua caliente, el aceite y la harina creando una masa.

Una vez fría la masa, se le añade los huevos para que esté más elástica.

Sobre una "llanda" grande, untada con manteca de cerdo, se extiende la masa. Se espolvorea con la mezcla del azúcar y la canela y se añaden, sobre ella, pequeños tacos de manteca. Se coloca en el horno, a 180 grados, y cuando esté al punto se saca.

"TALLADETES"

Elaboración:

Son tiras de calabaza, asadas al horno, de unos cinco centímetros de grosor que habrán estado toda una noche en un baño de agua de cal débil, con lo que se endurecerán por fuera, consiguiendo así una gratísima turgencia; finalmente se somete a un ligero hervor, apenas 10 minutos, que la cocerá convenientemente, ablandando su interior.

En no pocos pueblos de regadío, pero que tenían algunas tierras altas de secano con algarrobos, olivos y viñas, cuando llegaba la vendimia, del mosto, de la cosecha propia o comprado, se hacia mucho arrope casero. Y era costumbre, casi ritual, preparar muchas más "talladetes" de las necesarias para el arrope.

"ARROP I TALLADETES"

Típico de Beniganim.

Ingredientes:

Calabaza	**Cal viva**
Higos	**2 litros de agua**

Elaboración:

Se ponen los higos en una bolsa y esta se deposita dentro de una olla que contenga 2 litros de agua, dejándolos hervir hasta que estén totalmente deshechos. A continuación se cuela el caldo. Hemos conseguido el arrope, que reservamos.

Se corta la calabaza en tiras pequeñas ("talladetes") y se ponen en agua fría con la cal durante dos horas, para que se endurezcan.

Posteriormente, las tiras se lavan, se secan y se les incorpora el caldo de higos que tenemos reservado. Finalmente, dejamos que hierva todo hasta que el arrope espese y alcance el punto deseado.

MOSTILLO

Elaboración:

Se elabora partiendo del mosto de la uva (zumo sin fermentar). El mosto se cuece en un recipiente de barro, durante unos 20 minutos, aproximadamente. Se saca, se cuela y se vuelve a poner al fuego otros 20 minutos más. A continuación se le añaden almendras enteras y peladas, nueces o cualquier otro fruto seco (cantidades al gusto) y un poco de harina, para que espese.

Cuando esté bien espeso, se coloca en fuentes o platos y se deja enfriar. Se consume. En las comarcas del Rincón de Ademuz y de la Plana Alta lo elaboran en los meses de septiembre y octubre.

Esta elaboración es laboriosa y artesanal.

AGUAMIEL

Típica del Rincón de Ademuz.

Elaboración:

En la comarca del Rincón de Ademuz, con un proceso similar al del mostillo pero, en este caso, empleando los retales de miel que se obtienen cuando se cortan las colmenas, se elabora el aguamiel.

En el aguamiel, los frutos secos que lleva el mostillo son sustituidos por frutas, como calabazate, higos o piel de naranja.

Tanto en Enguera como en otros pueblos de la zona de la Canal, también se elabora este dulce y lo denominan "nelcuna".

TORTA IMPERIAL

Esta torta se elabora por la zona de Lliria

Elaboración:

Consiste en colocar fruta picada sobre capas de mazapán, (ver receta del mazapán). Sobre una capa de mazapán se pone fruta picada y otra capa de mazapán, consiguiendo un pastel que se adorna y cubre con merengue. Finalmente se pone en el horno, previamente caliente, a unos 200 grados y durante unos minutos, para que se dore, un poco, el merengue.

TORTA FINA

Ingredientes:

1 kilo de azúcar	**Un vaso de aceite de oliva**
500 gramos de harina	**La raspadura de medio limón**

Elaboración:

Amasar el aceite, con la harina, la raspadura de limón y el azúcar, hasta conseguir una masa fina y que no se nos pegue en las manos. Dejar reposar unos 30 minutos, pasado ese tiempo ya se puede utilizar.

Entre la gran variedad de pastas y dulces que acompañan las fiestas navideñas en toda la Comunitat Valenciana, destacan las tortas finas.

Con la masa se realizan tortas muy finas que pondremos sobre bandeja de horno, previamente engrasada. Las espolvorearemos con azúcar glás. Las mantendremos en el horno hasta que estén secas y finalmente, cuando las hayamos sacado del horno, las bañaremos con miel.

EL COLAU

Receta típica de Cullera.

Elaboración:

El Colau, pasta similar a la de las tortas finas, es redondo y tiene marcada, en relieve, la silueta de San Nicolás o de una estrella, resultados de la impresión que se hace sobre la masa antes de cocerla con un cuño de madera que lleva marcada esta forma.

Son unas pastas muy finas y su elaboración es casera o de encargo para la festividad de San Nicolás de Bari, el nueve de Septiembre.

BIZCOCHO DE CHOCOLATE

Receta típica de Torrent.

Ingredientes:

125 gramos de harina, para bizcocho
125 gramos de azúcar
4 huevos
60 gramos de chocolate rallado
50 gramos de mantequilla

Elaboración:

En un perol o cazuela de acero, al fuego, se ponen los huevos y el azúcar y se baten. Cuando el batido esté bien esponjoso se añade la harina y el chocolate que, previamente, se habrán mezclado muy bien entre sí.

Se adiciona 40 gramos de mantequilla. Se pasa la masa a un molde, untado a su vez con el resto de mantequilla. El molde se depositará en el horno, a fuego moderado.

La cocción durará sobre unos veinticinco minutos. Cuando se saca del horno se espolvorea con azúcar.

TARTA DE LA ABUELA

Tarta de la familia Blayet que se elabora en El Perellonet.

Ingredientes:

1 kilo de azúcar
1 docena de huevos
Un cuarto de litro de leche
100 gramos de maicena
1 trozo de limón
1 ramita de canela

Elaboración:

Separar las yemas de las claras. El kilo de azúcar lo dividiremos en tres partes. Coger un molde de tarta y untarlo de mantequilla.

Primero.- Levantar las claras a punto de nieve y añadir una parte de azúcar.

Segundo.- Añadiremos, en un cazo al fuego, otra parte de azúcar con un poquito de agua hasta conseguir que esté a punto de caramelo. Una vez conseguido, lo añadiremos a las claras montadas y, poco a poco, lo mezclaremos. A continuación se lo agregamos al molde, que pondremos en el horno a una temperatura de 180 grados, durante 25 minutos aproximadamente. Una vez hecha se deja enfriar y se desmolda.

Tercero.- En una cazuela al fuego, pondremos el cuarto de leche con el trozo de corteza de limón, una ramita de canela y añadiremos la última parte de azúcar, los cien gramos de maicena y las yemas. Remover hasta conseguir una crema.

Desmoldar y cubrir la tarta con la crema que acabamos de preparar.

M.ª Carmen, "Bunyolera valenciana"

Leche Merengada (ver pág. 199)

Almendrados (ver pág. 225)

Roscos de Vino (ver pág. 228)

Flan de Naranja (ver pág. 232)

Crema de Chocolate (ver pág. 224)

Brazo de Gitano (ver pág. 239)

Calabaza Asada (ver pág. 234)

"Bunyols amb Carabassa" (ver pág. 219)

Coca Morena (ver pág. 213)

Coca de Coco, Fabiola (ver pág. 214)

Torta Cristina (ver pág. 219)

Tarta Capuchina (ver pág. 230)

Helado Mantecado (ver pág. 200)

Corona de Gloria (ver pág. 237)

Magdalenas (ver pág. 238)

Mantecados (ver pág. 240)

Natillas (ver pág. 229)

Yemas de huevo (ver pág. 211)

Plat de Gloria (ver pág. 215)

Pan Quemado (ver pág. 227)

Pastelitos de Boniato (ver pág. 215)

Rollitos de Anís (ver pág. 228)

Tarta de Chocolate (ver pág. 224)

Sequillos (ver pág. 226)

Tarta de Naranja (ver pág. 223)

Suspiros con Almendra (ver pág. 235)

Tarta de la Abuela (ver pág. 208)

Torticas de Pasas y Nueces (ver pág. 212)

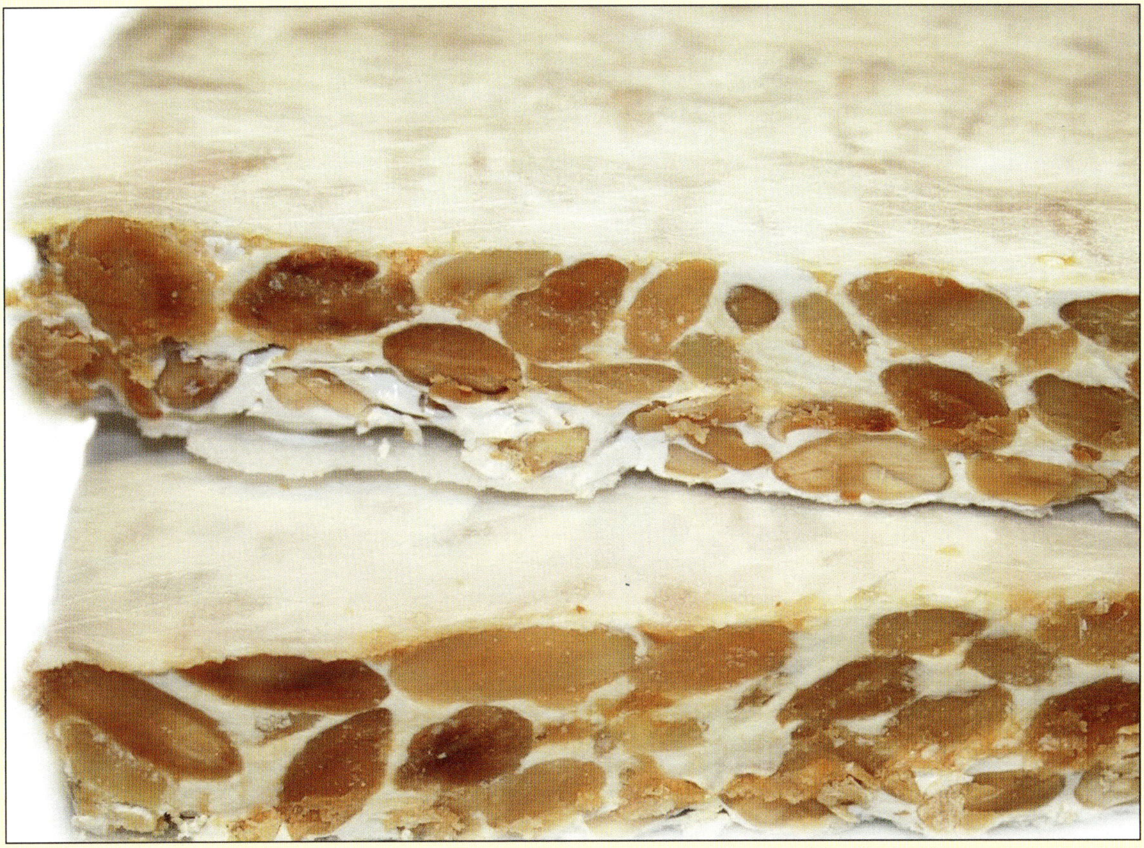

Turrón de Alicante (ver pág. 240)

Arnadí (ver pág. 204)

Trufas (ver pág. 229)

"SOPÁ" (POSTRE TIPICO ALDAIERO)

Receta de Concha Vilar Martínez, de Aldaia.

Ingredientes:

250 gramos de almendras
3 litros de agua
1 kilo de azúcar
60 gramos de harina de arroz
4 o 5 bizcochos pequeños, para decorar el plato

Elaboración:

Las almendras secas y peladas se muelen bien y se ponen a remojo, con los tres litros de agua, durante unas diez horas.

Después se filtra, muy fino, un par de veces, hasta que se obtenga un líquido que deberá tener el aspecto de leche de almendras.

En una cazuela grande y honda, puesta al fuego con el azúcar, mezclaremos muy bien la harina de arroz con el agua, dejándose cocer, lentamente, durante tres horas y sin dejar de remover hasta que espese. Por ultimo, en platos de postre se hace un lecho con los bizcochos que bañamos con la crema, dejando el plato en reposo durante unos minutos para que empapen bien los bizcochos, se deja enfriar y se sirve.

"SOPÀ" DE ALDAYA

Receta de Consuelo Sanchis Labradero, de Aldaia.
Receta del mismo pueblo pero algo más moderna.

Ingredientes:

250 gramos de almendras molidas
1 kilo de azúcar
4 cucharadas soperas de harina de arroz
7 vasos pequeños de agua
La corteza de un limón, sin lo blanco
2 ramitas de canela
8 bizcocho pequeños, como lenguas de gato

Elaboración:

Mezclar la almendra molida con un vasito de agua y triturarlo con la batidora. Después colar. Añadir otro vaso de agua más y repetir (triturar-colar) hasta utilizar, uno a uno, seis vasos.

En una cazuela de barro (sin estrenar o donde sólo se haya cocinado dulce) cocer, a fuego lento, el agua de almendras, la corteza de limón y la canela en rama.

Por otro lado, en un cazo, se deshace la harina de arroz en el vaso de agua restante, incorporándolo a la cazuela cuando empieza a hervir. El azúcar se ira añadiendo poco a poco durante las dos horas que deberá estar al fuego.

Durante todo este tiempo no se dejará de remover con una cuchara de madera. Se sabrá que está en su punto cuando se pongan unan gotitas en un plato y no se expandan, sino que estén fijas y espesas. Poner en la cazuela los bizcochos sin dejar que se enfrié la "Sopà". "Sopà", que se le agrega a la cazuela encima de los biscochos. Dejar que se enfrié antes de degustarla. Es costumbre que se sirva en bodas y comuniones, pero servida en cuencos individuales.

"ORELLETES" DE ALDAIA

Receta de Consuelo Sanchis Labradero, de Aldaia.

Ingredientes:

1 kilo de harina fina
1 docena de huevos
2 cáscaras de huevos, como medida de aceite
Cañas de varios tamaños

Elaboración:

Amasar fuerte la docena de huevos junto con el aceite e ir añadiendo la harina, poco a poco, hasta que la masa esté lista. Nos lo indicará cuando haga burbujas.

Hacer, con la masa, bolas pequeñas y estíralas con la caña todo lo que se pueda, de forma redonda, hasta que quede una cosa muy fina, casi trasparente.

Ponerlas a freír en aceite bien caliente. Con una caña fina hay que pincharlas (sin agujerear) y gíralas para darles forma de una flor. No hace falta darles la vuelta, ya que se les puede poner por encima un poco de aceite caliente, con la espumadera, si hace falta.

Sacarlas con la espumadera, cuando ya estén doradas, porque cuando estén fuera seguirán haciéndose.

Se le puede añadir azúcar o miel sobre ellas.

BIZCOCHAS

Receta típica de Picanya.

Ingredientes:

12 huevos
550 gramos de azúcar
650 gramos de harina

Elaboración:

Las claras se baten a punto de nieve, añadiendo el azúcar hasta que quede bien disuelto.

A continuación se añaden las yemas disueltas y la harina, rápidamente se mezcla todo muy bien.

Con esta masa se hacen montoncitos que colocamos sobre papel de hornear y que ponemos a horno fuerte, unos 200 grados, aproximadamente. Finalmente espolvoreamos, por encima, con un poco de azúcar.

YEMAS DE HUEVO

Receta típica de Picanya.

Ingredientes:

6 yemas
500 gramos de almendras, molidas
500 gramos de azúcar

Elaboración:

Poner todos los ingredientes en un recipiente y amasarlos bien. Seguidamente formar bolitas con la masa, no muy grandes y pasarlas por azúcar glás. Finalmente las colocaremos en moldes pequeños de papel. No se cuecen.

CASCA PICANYERA

Receta típica de Picanya.

Ingredientes:

250 gramos de almendras enteras, picadas o molidas
250 gramos de azúcar
6 huevos
125 gramos de calabazate
Mantequilla
La raspadura de un limón

Elaboración:

En primer lugar, tomaremos cinco huevos y separaremos las claras de las yemas.

A continuación, batiremos las claras a punto de nieve y añadiremos la mitad de las almendras y la mitad del azúcar y las otras mitades añadirlas a las yemas. El calabazate se pica y se incorpora a las yemas.

Poner una mitad de la ralladura del limón con las claras y la otra mitad con las yemas, mezclando bien cada cosa.

Untar, un molde en forma de corona, con la mantequilla y poner en primer lugar la mitad de la mezcla de las claras y a continuación la mezcla de las yemas. Seguidamente, cubrir todo con lo que queda de las claras. Se pone en el horno hasta que esté dorado (unos veinte minutos), se saca y se desmolda cuando esté tibio. Con el huevo que queda, batir la clara a punto de nieve, mezclarla con azúcar y cubrir por encima.

TORTICAS DE PASAS Y NUECES

Receta típica de Cheste.

Ingredientes:

2 litros y medio de agua templada	**200 gramos de nueces**
500 gramos de aceite de oliva	**2 kilos de harina**
200 gramos de levadura natural	**8 huevos**
250 gramos de pasas, sin rabillo	**750 gramos de azúcar**

Elaboración:

En un recipiente se mezclan el agua templada, el aceite de oliva, los huevos, el azúcar, la harina y la levadura.

Todo se amasa hasta conseguir una pasta fina, dejando que se forme una buena masa. Seguidamente se añaden las pasas y nueces y se hacen las tortas sobre obleas ("neulas"), dejándolas reposar durante una hora. A continuación las pintaremos con huevo batido y las espolvorearemos con azúcar, procediendo seguidamente a hornearlas, a 180 grados aproximadamente. Deberán permanecer en el horno hasta que estén secas.

PASTELITOS DE HOJALDRE

Receta típica de Alberic.

Ingredientes:

Un vaso grande de agua	**Medio vaso de aceite de oliva**
Un vaso grande de harina	**3 huevos**

Elaboración:

Pon el agua en un recipiente al fuego y cuando esté caliente se añade el aceite. A continuación se va incorporando, poco a poco, la harina y se va removiendo lentamente.

Cuando la masa esté fina, se añaden los huevos (claras y yemas) y cuando esté bien mezclado, con una cuchara que hará de molde, se confeccionan las figuras de los pastelitos.

Seguidamente se colocaran en el horno, que estará a un fuego fuerte a 200 grados, durante unos 10 minutos, aproximadamente y que después se reducirá, a la mitad, durante otros 10 minutos. Por precaución, no abrir el horno hasta que los pastelitos estén bien hechos. Luego se sacarán del horno y se dejaran enfriar. Se pueden rellenar a gusto, con crema pastelera, nata, trufas, etc. Los pastelitos se abren por la mitad y se rellenan. Se pueden adornar con caramelo líquido por encima.

COCA MORENA

Receta típica de Sueca.

Ingredientes para 4 personas:

500 gramos de azúcar
750 gramos de harina
Un vaso y medio de aceite de oliva
Medio litro de leche
Un limón rallado
20 gramos de canela, en polvo
6 sobres de gaseosa (aditivo especial para dulces)
6 huevos

Elaboración:

Batiremos los huevos, después añadiremos el aceite y seguiremos batiendo.

A continuación incorporamos la leche, el azúcar, la canela y el limón. Después, poco apoco, iremos añadiendo la harina y los sobres de gaseosa, todo esto sin parar de remover los ingredientes.

Finalmente, puesto en una bandeja, lo meteremos en el horno a 180 grados y durante unos 35 minutos, aproximadamente.

"COQUES DE MIDA"

Receta de Dolores Espinosa, de Benissanó.
Un dulce típico del día de San Vicente.

Ingredientes:

100 gramos de levadura
1 litro de agua
Medio litro de aceite de oliva
1 kilo de azúcar
1 limón
2 sobres de gaseosa (aditivo especial para los dulces)
200 gramos de nueces
200 gramos de pasas
Harina (la que admita)

Elaboración:

En un cuenco, se mezclan el aceite, el agua, el limón y la levadura. Se trabaja esta masa y se deja reposar. Una vez fermentada, se añaden los sobres de gaseosa, las nueces, las pasas y el azúcar. La masa obtenida se coloca sobre obleas ("neulas") y se le espolvorean con azúcar y con canela. Finalmente las cocemos en el horno, a 180 grados de temperatura y durante 35 minutos, aproximadamente.

CORONA DE COCO, FABIOLA

Receta de Dolores Espinosa, Benissanó.
Dulce dedicado a la Reina Fabiola con motivo de su visita al pueblo de Benissanó.

Ingredientes:

375 gramos de coco, rallado	**1 sobre de levadura royal**
375 gramos de azúcar	**La ralladura de un limón**
6 huevos	**250 gramos de harina**

Elaboración:

En primer lugar, montaremos las claras a punto de nieve y le iremos incorporando las yemas, el limón, el coco y cien gramos de azúcar. Se mezcla suavemente todo y se le añade la levadura. A continuación se coloca en un molde circular con forma de corona, previamente engrasado, y se introduce en el horno, precalentado a doscientos grados. Una vez cocido se desmolda y se moja con un almíbar hecho con los doscientos setenta y cinco gramos de azúcar restantes y ciento veinticinco gramos de agua, que en un cazo, puesto al fuego, herviremos y moveremos con una cuchara de madera hasta que reduzca a la mitad. Se decora con coco rallado.

"PILOTA DOLÇA"

Típico de Castellón.

Ingredientes:

250 gramos de almendras	**Una pizca de canela**
250 gramos de pan rallado	**Una cucharada de manteca de cerdo**
500 gramos de azúcar	**La raspadura de un limón**
6 huevos	**2 huevos, para rebozar**

Elaboración:

En un recipiente amasar todos los ingredientes. Dejaremos algo de azúcar para, posteriormente, espolvorear. "Se amasa hoy para freír mañana".

En una sartén poner bastante aceite y haciendo unas pelotitas, se rebozan con los huevos batidos y se fríen. Cuando están fritas las vamos colocando en un plato y las espolvoreamos con azúcar.

PASTELES DE BONIATO

Pastel típico de Gabarda.

Ingredientes:

1 kilo de boniatos	**Un vaso de aceite de oliva**
1 kilo de azúcar	**Un vaso de aguardiente**
500 gramos de harina	**La raspadura de un limón**

Elaboración:

Con el boniato, el azúcar y limón. Hacer confitura. Poner un cazo con el boniato, cortado en trozos, a cocer en un litro y medio de agua, cuando esté casi cocido se le agrega el azúcar y el zumo de un limón, dejándose cocer, a fuego moderado, y moviéndolo con una cuchara de madera hasta que se haga una pasta, se deja enfriar antes de utilizarse.

Amasar la harina, con el aceite de oliva y el aguardiente. Hecha la masa, haremos tortitas de unos diez centímetros de diámetro.

Encima de cada tortita pondremos una cucharada de pasta de boniato confitado y le daremos la forma de una empanadilla.

Finalmente, los pastelitos obtenidos, se pintan con el huevo batido y se ponen al horno, hasta que estén hechos.

"PLAT DE GLORIA"

Receta típica de Alcàsser.

Ingredientes:

9 huevos	**Para el bizcocho:**
325 gramos de harina de almendras	**12 huevos**
500 gramos de azúcar	**400 gramos de azúcar**
Un vaso de agua	**400 gramos de harina**
Un poco de leche	**40 gramos de impulsor**

Elaboración:

Mezclar y batir los huevos con el azúcar hasta que aumente lo suficiente. Añadir la harina y el impulsor, poco a poco, ligándola mano.

Rellenar el molde previamente untado con manteca o forrado con papel satinado. Precalentar el horno a 200 grados e introducir el bizcocho. Cocer.

Pondremos, en un recipiente al fuego, un vaso de agua con dieciocho cucharadas de azúcar.

Con las nueve yemas y doscientos cincuenta gramos del azúcar, se prepara una crema, a fuego lento, removiendo sin cesar y mezclando debidamente ambos componentes. Realizada esta operación, se le añade un poco de leche, previamente hervida, así como la harina de almendras y no dejaremos de remover la confección, hasta lograr una crema ligera.

Una vez preparada la crema, se corta el bizcocho, en rebanadas finas, colocando la parte inferior sobre una bandeja, formando circunferencia, que servirá como lecho. Entonces, se extiende una capa de crema sobre aquel, tapándolo con otra rebanada; se extiende más crema, se vuelve a tapar y así sucesivamente hasta coronarlo con la última rebanada de bizcocho.

Reservada, tendremos preparada las claras a punto de nieve, a la que se le añade el azúcar sobrante y, con ese merengue, se cubre e iguala, con una espátula. Finalmente se rocía con una lluvia de azúcar y se pone en horno moderado hasta que dore. Nota: se puede montar sobre cazuela de barro plana.

TORTAS DE CALABAZA

Receta editada por el Excmo. Ayuntamiento de Sueca. Concejalía de Turismo.

Ingredientes:

500 gramos de calabaza asada
500 gramos de azúcar
Harina (la que admita)
4 sobres de gaseosa (aditivo especial para dulce)
2 vasos de (café) de aceite de oliva
4 huevos
1 cucharadita de canela, en polvo
La corteza de un limón, rallada
Obleas

Elaboración:

Batir las claras de los huevos a punto de nieve y añadir, poco a poco, el azúcar, las yemas, la calabaza (que previmente se habrá amasado), la harina, el aceite de oliva, la ralladura de limón, la canela y los sobres de gaseosa.

Hacer las cocas más o menos de diez centímetros de diámetro y colocarlas sobre las obleas. Se espolvoreará, con un poco de azúcar, antes de ponerlas al horno.

El horno ha de estar a una temperatura media de 180 grados. Y su tiempo de cocción deberá ser de unos 20 minutos, aproximadamente.

BIZCOCHO DE ESPUMAS

Ingredientes:

60 gramos de harina	**El zumo de un limón**
60 gramos de maicena	**4 huevos**
125 gramos de azúcar	**1 cucharadita de ralladura de naranja**

Elaboración:

En un recipiente adecuado se colocan el azúcar y las yemas de huevo, el zumo del limón y la raspadura de naranja y se baten.

Por otra parte, se baten las claras a punto de nieve, agregando, a mitad de montar, una cucharadita, de café, rasa de azúcar. Una vez montadas las claras se incorporan a las yemas batidas y se añaden la harina y la maicena; esta mezcla se añade después al resto de los ingredientes.

Mediante una manga pastelera se confeccionan los bizcochos que se depositaran sobre hojas de papel graso. Se ponen en el horno, sobre placas metálicas y se mantienen a temperatura fuerte sobre unos ocho o diez minutos, aproximadamente.

TORTA DE PATATA

Receta típica de Castellón.

Ingredientes:

6 huevos	**500 gramos de patatas**
500 gramos de azúcar	**La corteza de un limón, rallada**

Elaboración:

Una vez hervidas las patatas se pasan por un pasapurés, se dejan enfriar y se reservan. La ralladura del limón se cuece, una vez cocida se escurre y reserva. Seguidamente las patatas se mezclan con la mitad del azúcar y con la ralladura de las cortezas de limón. Aparte, se mezclan las claras de los huevos con el resto del azúcar, se amasan bien las yemas con las patatas y, juntándolo todo, se pone en un molde, que sea hondo, untado de manteca de cerdo. Se le añade azúcar por encima y se coloca en el horno, a fuego moderado, hasta que esté en su punto. Sorprendente, original y deliciosa torta.

COCA DE PATATA, DE SANTA ROSINA

Receta del siglo XIX. Proviene del Gremi de Forners de Castelló.

Ingredientes:

400 gramos de patatas
150 gramos de azúcar
6 huevos
La corteza de un limón
10 gramos de canela en polvo
Aceite de oliva, para el molde

Elaboración:

Empezamos asando las patatas, con piel, en el horno hasta que estén cocidas, durante unos cuarenta minutos, aproximadamente. Seguidamente, las sacamos, pelamos y aplastamos, con un tenedor, en un bol. Ahora cogemos los huevos y vamos separando las yemas de las claras. Las claras las montamos a punto de nieve y reservamos. Las yemas las batimos en el bol con las patatas, añadimos la canela y el azúcar y, una vez bien mezclados, incorporamos las claras batidas.

Aunamos el conjunto y lo ponemos, en moldes, siempre altos, pequeños (si queremos cocas individuales) o en molde familiar, pero siempre untados de grasa (aceite, manteca, o mantequilla). La pondremos, en horno suave, durante cuarenta minutos, aproximadamente (depende del horno).

BUÑUELOS DE CALABAZA AL ESTILO DE CASA FABIÁN

Receta de Mari Carmen Calabuig, de Alboraia.

Ingredientes:

1 parte de puré de calabaza, previamente asada
3 partes de agua
Harina, la que admita
50 gramos de levadura prensada

Elaboración:

En un recipiente adecuado poner el puré de calabaza en el agua caliente y removerlo bien hasta que el conjunto esté templado, no podemos poner la levadura en caliente porque si no fermentaría. Una vez en su punto se le incorpora la levadura, se disuelve bien, se agrega la harina y se amasa.

Seguidamente se deja reposar la masa para que se eleve, y mientras, se prepara la sartén para freír los buñuelos, obviamente el aceite debe ser limpio, abundante y estar muy caliente.

La buñolera se vale de sus dedos, para dar forma al "bunyol". Se deben freír con rapidez y sacarlos de la sartén cuando veamos que están dorados.

Se escurren del aceite y se espolvorean con azúcar.

TORTA CRISTINA

Receta de Virginia, de Benetusser.

Ingredientes:

- 9 huevos
- 500 gramos de almendras blancas, molidas
- 40 gramos de azúcar
- 10 gramos de canela en polvo
- La corteza de un limón, rallado

Elaboración:

Batidas las claras, a punto de nieve, van incorporándose las yemas, el azúcar, la harina, la raspadura del limón, la canela y las almendras molidas.

Con todo bien mezclado, se va haciendo las tortas redondas y colocan sobre las obleas. Se cuecen en el horno, a ciento ochenta grados, hasta que estén cocidas. Antes de ponerlas al horno espolvorearlas con un poco de azúcar.

Atención, la cocción es rápida.

TORTAS DE CACAHUETES

Receta de Virginia, de Benetusser.

Ingredientes:

- 500 gramos de cacahuetes, pelados y picados
- 500 gramos de azúcar
- 100 gramos de harina
- 10 gramos de canela en polvo
- La corteza de un limón rallado
- Obleas

Elaboración:

Batir las claras de huevo a punto de nieve y añadir, poco a poco, el azúcar, las yemas, el cacahuete, la harina, el limón y la canela.

Las cocas se pondrán encima de las obleas y se espolvorearán con un poco de azúcar antes de ponerlas al horno hasta que estén hechas. El horno deberá estar a 180º.

BUÑUELOS DE CALABAZA

Receta de Lolita Girbert, de Sueca

Ingredientes:

- 1 calabaza asada
- Harina la que admita
- 2 partes de agua
- 40 gramos de levadura prensada
- Azúcar

Elaboración:

Primero, haremos una pasta con la calabaza asada, la harina, el agua y la levadura y la dejaremos fermentar.

Una vez la pasta haya fermentado, cogeremos pequeños trozos de pasta y dándole, con la mano, forma de un rollito, se fríen y espolvorean con azúcar.

(Hay que tener siempre la mano mojada de agua para que no se pegue la pasta).

BUÑUELOS CLÁSICOS

Receta muy valenciana.

Ingredientes:

350 gramos de harina
4 cucharadas soperas de levadura
2 vasos de agua
Abundante aceite de oliva, para freírlos
Sal

Elaboración:

Se disuelve la levadura en el agua y, poco a poco, se le agregan la harina y un pellizco de sal. Todo deberá quedar muy bien mezclado.

La masa se deja reposar para que eleve y, mientras, se prepara la sartén para cocer los buñuelos. Obviamente el aceite de oliva debe ser limpio, abundante y estar muy caliente.

Las buenas buñoleras se valen de sus dedos para dar forma al "bunyol". Se deben freír con rapidez y sacarlos tan pronto como veamos que están dorados.

Se escurren de aceite y se espolvorean con azúcar.

ROLLO DE ALMENDRAS

Receta típica de los pueblos de Castellón.

Ingredientes:

250 gramos de almendras molidas
7 huevos
250 gramos de azúcar
250 gramos de calabazate picado

Elaboración:

En un lebrillo, amasamos todos los ingredientes hasta conseguir una masa compacta. El producto obtenido lo incorporamos en un molde que previamente hemos revestido con un caramelo de azúcar quemado. A continuación se pone, en el horno a 190 grados, al baño de maría, durante una hora aproximadamente.

Cuando esté cocido y frío se saca del molde y se mantiene en frigorífico hasta la hora de degustarlo. Si queremos se puede decorar con merengue que obtendremos montando, a punto de nieve, 3 claras de huevo y 150 gramos de azúcar.

ROLLOS FRITOS CON MIEL

Receta típica de Teresa de Cofrentes.

Ingredientes:

2 huevos
2 vasos de leche, de los de vino
2 vasos de azúcar, de los de vino
1 vaso de aceite de oliva, de los de vino
1 Sobre de gaseosa (aditivo especial para dulces)
Harina, la que admita

Elaboración:

Todo junto, se amasa en un recipiente.

De esta masa se van haciendo rollos de un centímetro de grosor por 6 ó 7 de diámetro.

Se fríen, en la sartén, con el aceite bien caliente y cuando se retiran se rocían con miel reducida a punto de caramelo.

TOSTONES DE CONVENTO

Ingredientes:

500 gramos de harina
1 vaso de vino moscatel
40 gramos de aceite de girasol
30 gramos de azúcar glás
1 cucharadita canela molida
Aceite de oliva, abundante para freír

Elaboración:

Con la harina, el aceite de girasol y el moscatel se confeccionaremos una masa hasta que tenga consistencia. En este punto, con el rodillo, se estira sobre la mesa hasta dejarla con un grosor de medio centímetro. Con un corta-pastas redondo se hacen los discos que se han de freír en aceite caliente.

Cuando los tostones estén fritos por un lado, ellos solos se dan la vuelta. Escurriremos sobre una rejilla o papel astringente y espolvorearemos con azúcar glás que previamente habremos mezclando con la canela.

"FLAONS"

Este postre es típico de Morella y unos de los pocos tradicionales en los que intervienen productos lácteos.

Ingredientes:

Para el relleno:
50 gramos de almendras molidas
100 gramos de requesón
2 huevos
10 gramos de canela molida
550 gramos de harina
50 gramos de azúcar
250 gramos de aceite de oliva
1 copa de anís

Elaboración:

Con el aceite, el anís, el azúcar y la harina, se prepara una masa. De ella se obtienen ocho o diez círculos aplanados, con el rodillo, para que queden finos. Por otra parte, con el requesón, la almendra, los huevos y la canela, todo batido, se forma otra masa para el relleno.

En cada una de las circunferencias anteriores, se coloca una cucharada de relleno. Se doblan por su mitad y se unen por los rebordes presentando una media circunferencia. Se ponen al horno, a fuego lento, durante unos 18 minutos, aproximadamente.

"ROSSEGONS"

Recta típica de Valencia.

Ingredientes:

1250 gramos de azúcar
1250 gramos de harina
750 gramos de almendras tostadas, enteras
2 huevos
2 sobres de gaseosa (aditivo especial para dulces)
La raspadura de un limón

Elaboración:

Se baten las claras de los huevos y se les añaden el azúcar, las yemas, las almendras y la ralladura de limón. Por último se agrega la harina y se amasa el conjunto.

La pasta obtenida se alisa, sobre un mármol, formando un rectángulo de un centímetro, aproximadamente, de grosor y se corta en rombos. Se colocan sobre una placa de hornear sin que se toquen y, se introducen en el horno, a una temperatura de 180 grados, dejándolos cocer durante 20 minutos, aproximadamente.

En la provincia de Alicante a estos "rossegons" les denominan "carquinyols", la receta es la misma.

TARTA DE NARANJA

Ingredientes:

120 gramos de harina	Sal, un pellizco
120 gramos de mantequilla	Para la crema:
120 gramos de azúcar	120 gramos de mantequilla
2 huevos	250 gramos de azúcar
Ralladura de la corteza de una naranja	Medio vaso de zumo de naranja

Elaboración:

Batiremos la mantequilla y el azúcar hasta conseguir una crema suave y añadiremos, siempre moviéndola poco a poco, los huevos, la harina, la sal, la ralladura de la corteza de naranja y colocaremos la pasta en un molde bizcochero, previamente untado, en su interior, con mantequilla o manteca de cerdo. Lo meteremos en el horno, a 190 grados, durante unos 25 minutos, aproximadamente.

Aparte, haremos una crema con ciento veinte gramos de mantequilla, doscientos cincuenta gramos de azúcar que batiremos hasta conseguir una crema esponjosa. Antes de poner todo el azúcar, añadiremos medio vasito de zumo de naranja, no pararemos de batir. Sacado el bizcocho del horno y una vez frió, haremos un corte horizontal por la mitad, rellenándolo con parte de la crema. Con la crema restante recubriremos el bizcocho por todas partes, procurando que quede una superficies rugosa y lo decoraremos con rodajas de naranjas, cortadas muy finas. Podemos poner, sobre rodajas de las naranjas, una mermelada de naranja o una lluvia de azúcar.

TARTA DE NUECES

Receta de las comarcas del interior.

Ingredientes:

400 gramos de nueces	Para el relleno:
250 gramos de azúcar	25 gramos de harina de maíz
100 gramos de almendras	250 gramos de leche
50 gramos de harina de maíz	50 gramos de azúcar
6 huevos	2 yemas de huevo
2 cucharadas de brandy	175 gramos de chocolate puro

Elaboración:

Se pican las nueces con las almendras, se baten las yemas con el azúcar y se mezclan las nueces, las almendras, la harina de maíz y el brandy. Se monta las claras de los huevos a punto de nieve y se le va incorporando, suavemente, la mezcla anterior para que el conjunto quede homogéneo y no se bajen las claras a punto de nieve. Todo el contenido se pone en un molde de tarta, engrasado con mantequilla o grasa de cerdo y se introduce en el horno, previamente calentado a ciento ochenta grados.

En unos veinte minutos, aproximadamente, estará cocido. Se desmolda y se deja enfriar. Para el relleno, se hace una crema mezclando la harina de maíz, las dos yemas de huevo y el azúcar; se deslié con un poco de leche y se mezcla, a continuación, con el resto de la leche que deberá estar hirviendo y con el chocolate previamente derretido. Se rellena la tarta con esa crema y con la sobrante se cubre y se decora con nueces

CREMA DE CHOCOLATE

Receta de Fernando Pérez, de Valencia.

Ingredientes:

1 litro de leche
6 huevos
100 gramos de harina
50 gramos de cacao
150 gramos de azúcar

Elaboración:

Ponemos la leche a hervir, reservando, un poco. En un bol ponemos los huevos, el azúcar, el cacao, la harina y la leche que hemos reservado y todo lo batimos. Cuando la leche hierva, se le añade la mezcla, que no dejaremos de remover con una varilla o espátula de madera. Deberá hervir durante tres o cuatro minutos, procuraremos que no se pegue.

Esta crema además de relleno de tartas, pastelillos y bizcochos se puede servir, como postre, en copas de cristal, decorándose con chocolate rallado.

TARTA DE CHOCOLATE

Receta de Fernando Pérez, de Valencia.

Ingredientes:

Para el bizcocho:
12 huevos
400 gramos de azúcar
400 gramos de harina
40 gramos de levadura, impulsor

Para el caldo de calar:
300 gramos de agua
125 gramos de azúcar
Una copa de brandy

Elaboración:

BIZCOCHO:

Mezclar y batir los huevos con el azúcar hasta que aumente lo suficiente. Amasando con la mano, añadir la harina, poco a poco, y el impulsor. Seguidamente, rellenar los moldes, previamente untados con manteca o forrados con papel satinado. Precalentar el horno, a doscientos grados, e introducir el bizcocho, que lo mantendremos en cocción durante unos 25 minutos, aproximadamente.

TARTA:

Abrir el bizcocho por la mitad y calado bien por todas partes, lo rellenamos con crema de chocolate (ver receta anterior). Intentáremos dejarlo lo más liso posible.

Para el caldo de calar mezclamos en un cazo el azúcar con el agua y el brandy y lo ponemos a hervir, a fuego moderado, hasta que reduzca a la mitad. A continuación, lo dejamos enfriar y ya está listo para calar todo tipo de tartas o pasteles de bizcocho.

ALMENDRADOS

Receta de Esperanza Ferrer, San Miguel de Salinas.

Ingredientes:

1 kilo de almendras	**3 huevos**
750 gramos de azucar	**Raspadura de 1 limón**

Elaboración:

Mueles las almendras y ponerlas en un librillo. Agregar el azucar, los huevos y la raspadura del limón y amasar bien. Sin dejar que la masa repose ir separandolas en porciones del tamaño de una nuez. Poner al horno, previamente calentado a 200°C aproximadamente, en una bandeja engrasada. Hornearlos hasta que adquieran color morado.

MERENGUE

Receta de Miguel García, de Valencia.

Ingredientes:

250 gramos de azúcar	**4 claras**
10 centilitros de agua	

Elaboración:

Póngase un cazo al fuego con el agua, la azúcar y dejarlo cocer hasta que reduzca a la mitad y ya estará en fase de bola. Separar las claras de los huevos y llevarlas a punto de nieve. Sin dejar de batir incorporaremos el almíbar hirviendo sobre las claras en un chorrito muy fino y regular. Esto resultará más fácil si nos ayuda otra persona.

Daremos por acabo el merengue cuando hayamos incorporado todo el almíbar a las claras. No obstante, seguiremos batiendo mientras el merengue se enfría. Una vez enfriado debe quedar muy espeso y reluciente. Ya está listo para utilizar.

PUNTA DE DIAMANTES

Receta típica de Castellón.

Ingredientes:

1 litro de leche	**6 huevos**
300 gramos de bizcocho, de soletilla	**3 cucharadas de maizena**
200 gramos de fruta escarchada	**La corteza de un limón**
250 gramos de azúcar	

Elaboración:

En primer lugar prepararemos la crema. Para ello colocamos un cazo, sobre el fuego, con setecientos gramos de leche (reservando el resto), ocho cucharadas de azúcar y la corteza de limón.

En la leche reservada, se deslíen las ocho yemas y la maizena, que incorporaremos a lo que está en el fuego. Cuando hierva, lo iremos removiendo, rápida y continuamente, hasta que espese la crema, momento en que se retira.

Terminada esta operación, la mitad de los bizcochos se van bañando en el resto de la leche, un poco tibia y se colocan, cubriendo el fondo, a modo de lecho, en una fuente refractaria. Sobre los bizcocho, se añade la mitad de la crema y sobre ésta, la mitad de las frutas, repitiendo la misma operación: bizcocho, crema, frutas, tantas veces como capas queramos poner.

Finalmente, con las seis claras batidas a punto de nieve y ocho cucharadas de azúcar, se prepara el merengue, con el que, introduciéndolo en una manga pastelera de boquilla grande y rizada, se cubre el pastelón, dándole forma de pirámide y adornándolo.

Para que se gratine se pone en el horno caliente, con algo de azúcar sobre el merengue, hasta que veamos que está en su punto.

SEQUILLOS

Receta típica de las montañas de varios pueblos de Alicante.

Ingredientes:

750 gramos de aceite	**16 huevos**
1 kilo de harina, especial para sequillos	**Azúcar, para encarar**

Elaboración:

En un recipiente adecuado, se depositan los huevos, con sus claras reservando tres de estas para encarar.

Después se añade el aceite y removemos. A continuación, la harina, poco a poco, y lo amasamos todo muy bien.

Con las manos untadas en aceite, se hacen los rollos, alargados de 6 centímetros y con grosor de 2 centímetros, aproximadamente, que son colocados en placas e introducidos al horno fuerte, hasta que estén cocidos.

Las claras reservadas, se baten a punto de nieve, añadiéndolas a un recipiente, donde, sobre el fuego, se ha desleído el azúcar a punto de hebra. Se remueve.

Una vez retirados los sequillos del horno, se encaran con esta preparación y se dejan secar.

TORTAS DE MISTELA

Receta típica de Sueca.

Ingredientes:

750 gramos de harina
500 gramos de uvas pasas
500 gramos de nueces, picadas
2 vasos de mistela
2 vasos de aceite de oliva
2 vasos de azúcar
6 sobre de gaseosa (aditivo para dulce)
6 huevos
10 gramos de canela en polvo
La raspadura de un limón
Obleas

Elaboración:

Batir las claras a punto de nieve y añadir, poco a poco, el azúcar, las yemas, las pasas, la raspadura del limón y los sobres de gaseosa, con las nueces picadas.

Amasarlo todo bien. Las tortas se pondrán encima de las obleas y se espolvorean con un poco de azúcar antes de meterlas al horno.

El horno deberá estar a ciento ochenta grados, manteniéndolas en el mismo durante unos 18 minutos, aproximadamente.

PANQUEMADO

Receta de Vicente Moscardó, Alberic.

Ingredientes:

2 kilos de harina
750 gramos de azúcar
12 huevos
500 gramos de aceite de oliva
500 gramos de agua
125 gramos de levadura
La ralladura de limón

Elaboración:

Se baten los huevos (las claras y las yemas juntas), se calientan el agua y el aceite y se incorporan a los huevos. A continuación se añaden el azúcar, la ralladura de un limón, la levadura y la harina. Te amasa bien y se deja fermentar.

Ya fermentado, se hacen unas bolas con la masa y se colocan sobre papel parafinado, untado de manteca, se aplastan y se les da forma. Las dejaremos en reposo hasta que vuelvan a subir de nuevo.

Antes de ponerlas en el horno, se pintan con huevo batido y se adornan con claras a punto de nieve. Finalmente las espolvoreamos con azúcar glás. En el horno de deberán permanecer, unos 30 minutos aproximadamente.

ROLLITOS DE ANÍS

Ingredientes:

1 vaso y medio de aceite de oliva	**1 vaso de azúcar**
1 vaso de anís seco	**Harina (la que admita)**

Elaboración:

En un lebrillo poner la harina, el aceite, el azúcar, el anís seco y amasarlo todo junto.

Obtenida la masa, haremos unas veinte porciones, más o menos, en forma de bolitas.

En el centro de la misma haremos un orificio, formando así el rosco de anís. Tened en cuenta al coger las bolas para hacer el orificio que, previamente, deberemos haber untado nuestros dedos con aceite para evitar que se nos quede pegada la masa en ellos y no podamos trabajarla.

Confeccionados los rollitos, se van depositando en una placa de horno para cocerlos. El tiempo de horno será de unos ocho o diez minutos.

Cuando ya estén en su punto, los espolvorearemos con azúcar.

ROSCO DE VINO

Típico de la zona de Alicante.

Ingredientes:

1 vaso de aceite de oliva	**1 vaso de manteca de cerdo**
1 vaso de vino blanco	**Harina (la que admita)**

Elaboración:

Mezclar el vino con la manteca y el aceite e ir incorporando la harina que admita.

Trabajar con las manos impregnadas de harina. Formar tiras de masa y unirlas en los extremos para formar los roscos. Pasaremos una de las caras por azúcar y las iremos colocando en una bandeja con la cara azucarada hacia arriba.

Pondremos las bandejas en el horno, que mantendremos a temperatura media, sobre unos veinticinco minutos a ciento ochenta grados y durante unos 18 minutos, aproximadamente. Los dejaremos secar.

TRUFAS

Receta de Jesús Machi, de Valencia.

Elaboración:

Utilizaremos la misma cantidad de chocolate que de nata. Pondremos un perol con la nata a calentar y una vez caliente le añadiremos la cobertura de chocolate troceada, hasta que esté disuelta.

Tomaremos ciento veinticinco gramos de azúcar por cada litro de nata montada y se lo agregaremos a la mezcla.

Para hacer las trufas, con una manga pastelera, se forman pequeñas bolitas que iremos depositando encima de chocolate granizado o en polvo y, dándoles forma con la mano, las dejaremos enfriar. Ya están listas para degustar.

NATILLAS

Receta típica de Pedralba.

Ingredientes:

1 litro de leche
3 yemas de huevo
2 huevos enteros
250 gramos de azúcar
20 gramos de maizena
La cáscara de un limón
1 ramita de canela

Elaboración:

En un cazo pondremos la leche a hervir con la cáscara de limón y la canela en rama. En otro cazo en frío y, poco a poco, se mezclan el azúcar, la maizena, las tres yemas y los dos huevos enteros. Cuado la leche esté tibia, se incorpora a la mezcla de los huevos. Mientras, se remueve sin cesar con una espátula de madera.

Se vuelve a poner a fuego moderado y, sin cesar de remover, dejaremos que cuaje.

Se reparte en cazuelas o cuencos y cuando esté fría se espolvorea con canela molida.

NATILLAS BLANCAS

Ingredientes:

1 litro de leche	**1 trozo de corteza de limón**
750 gramos de azúcar	**1 trozo de palo de canela**
3 claras de huevo	**10 gramos de canela molida**
8 bizcochos de soletilla	

Elaboración:

La leche, se pone a hervir con la corteza de limón y el palito de canela, además del azúcar. Una vez hervida se pasa por un colador y se deja enfriar.

Se baten las claras a punto de nieve y se mezclan con la leche ya fría. Seguidamente se vuelve a poner al fuego, sin dejar de remover, hasta que desaparezca la espuma y forme una crema fina. Viértase sobre una fuente honda en la que se hayan colocado, de lecho, los bizcochos. Agregaremos, sobre ellos, la crema en caliente.

Cuando estén frías se espolvorean con canela molida y algo de azúcar.

TARTA CAPUCHINA

Receta de Jesús Machi, de Valencia.

Ingredientes:

12 yemas de huevo	**1 litro de agua**
1 huevo	**1 copa de licor**
1 kilo de azúcar	

Elaboración:

Se montan las yemas con el huevo, batiendo al calor de un baño de maría tibio y se sigue batiendo hasta que al levantar la varilla, veamos que se forma un cordón sobre la superficie.

Se pone el batido en un molde. Para cocerlo pondremos el molde dentro de un perol con agua en el punto de ebullición. El agua del baño de maría no debe de rebasar la altura del molde, procuraremos que no le entre el agua, en ningún momento, a la capuchina. Tapamos el perol con un paño y su tapadera.

Se comprueba que dé un hervor, pero sin destapar y se deja cocer seis o siete minutos sin fuego. Se le da otro hervor y se tiene otros seis o siete minutos en reposo y sin fuego.

Se destapa y se comprueba que está cocida, si apoyando sobre la tarta las yemas de los dedos, tenemos la sensación de que está esponjosa. Si no estuviese cocida, se debe dar otro hervor y otro reposo y así, sucesivamente hasta conseguir que la capuchina este en su punto.

Una vez cocida se vuelca sobre un papel de grasa, se cubre con otro papel y se presiona un poco, con la ayuda del mismo molde, para quitarle el exceso de grasa. Con el azúcar y el agua se hace un almíbar en el molde de la tarta, metemos la capuchina y la cocinamos, otra vez durante doce minutos. Finalmente, se deja en el almíbar durante 24 horas. Pasadas estas se retira del almíbar colocándola sobre una rejilla para que se escurra. Ya se puede degustar.

FLAN AL CARAMELO

Ingredientes:

8 huevos
1 litro de leche
250 gramos de azúcar
1 limón
1 rama de canela

Elaboración:

Poner la leche con la canela y la corteza de limón a hervir. Por otra parte, batir los huevos, incorporándoles el azúcar, agregar, la leche caliente sin la canela ni el limón que previamente habremos sacado y mezclaremos bien.

Tener la flanera (o flaneras individuales) prevista con un poco de caramelo en el fondo y añadir la mezcla. Poner al horno caliente, a doscientos veinte grados, en un baño maría procurando que no hierva el agua hasta que el flan esté cocido. Sabremos que está en su punto cuando al introducirle una aguja de lana, esta salga limpia.

FLAN DE NARANJA

Ingredientes:

2 huevos enteros	**Una corteza rallada de limón**
200 gramos de azúcar	**Una corteza rallada de naranja**
El zumo de dos naranjas, medianas	**Caramelo:**
Hasta medio litro de leche, para completar los líquidos	**3 cucharadas soperas de azúcar**
	2 cucharadas soperas de agua

Elaboración:

Haga el caramelo y bañe, con él, la flanera. En un cuenco, coloque los huevos y las yemas que mezclaremos bien con el azúcar y las cáscaras de limón y naranja ralladas también el zumo de naranja y la leche. Añadiremos, poco a poco, la mezcla y la incorporaremos a la flanera. Lo coceremos en el horno al baño maría, teniendo el agua, ya caliente, en el horno, cinco minutos antes. Taparemos la flanera y dejaremos que cueza, a calor mediano, más o menos una hora (pínchelo con una aguja o alambre y si sale limpio estará en su punto). Lo sacaremos del horno y del baño maría y dejaremos que se enfrié, a temperatura ambiente. En este momento lo podemos colocar en la nevera y servir frío, también se puede servir una vez esté enfriado.

FLAN DE CEREZAS

Ingredientes:

125 gramos de cerezas limpias y deshuesadas	**4 huevos**
125 gramo de azúcar	**Medio litro de leche**
200 gramos de pan	**1 cucharada de mantequilla**

Elaboración:

Al baño maría se cuecen durante unos cuarenta y cinco minutos las cerezas, limpias y deshuesadas, con igual cantidad de azúcar y mantequilla.

Durante igual periodo de tiempo se tiene a remojo, con la leche, el pan cortado en trozos.

Se acaramela una flanera; se baten los huevos; se mezclan con el pan, la leche y las cerezas y todo se incorpora a la flanera.

Una vez el horno caliente, a ciento ochenta grados, se pone la flanera al baño maría durante unos treinta minutos, aproximadamente.

Terminado de cocer el flan se deja enfriar y se desmolda colocándolo en una fuente.

NARANJAS CONFITADAS

Ingredientes:

8 naranjas
2 litros de agua
3 trozos de canela
Azúcar (lo que pesen las naranjas trabajadas)

Elaboración:

Partir, cada naranja con su piel, en 6 trozos.

Disponer un recipiente con los trozos de naranjas y dos litros de agua al fuego. Cuando comience a hervir, tiraremos el agua y pondremos agua nueva. Repetiremos hasta tres veces la operación con objeto de que la cáscara de naranja pierda amargor. Tras el último hervido, las escurriremos y pesaremos. Añadir la misma cantidad de azúcar que el peso de las naranjas y tres trozos de canela en rama. Mezclar bien, antes de cocerla, para que el azúcar no se convierta en caramelo. Mantenerlo a fuego lento durante sesenta minutos.

DULCE DE MEMBRILLO

Ingredientes:

2 kilos de membrillo
2 kilos de azúcar
Agua

Elaboración:

Lavar bien los membrillos quitándole la pelusa.

Los membrillos se ponen a cocer, en una olla, cubiertos de agua durante 35 minutos. Cuando se han enfriado un poco, se pelan, se les quita el corazón y se va sacando la carne del membrillo. Tomamos el membrillo cocido y se le añade la misma cantidad de azúcar, se tritura todo junto y se pone al fuego en una olla de fondo alto y ya sólo se necesita un poquito de paciencia porque hay que seguir moviendo, con una cuchara de palo largo, durante unos 30 minutos, a fuego medio, hasta que pierda toda la humedad y tome la consistencia adecuada. Se pone en moldes o en un lebrillo.

Nota: También se pueden poner en varios moldes pequeños. Cúbralos con film y consérvelos refrigerados hasta el momento de degustarlos.

MERMELADA DE CAQUI

Receta típica de Orxeta.

Ingredientes:

1 kilo y medio de caquis, maduros	**Azúcar**

Elaboración:

Pelar los caquis y trocearlos. Pesarlos y agregarle la misma cantidad que su peso en azúcar o algo menos si lo prefieren menos dulces. Remover antes de poner al fuego. Ponerlo en un cazo y cocinar, a fuego moderado, durante una hora y media, aproximadamente. Removiendo, con una cuchara de madera, de vez en cuando. Dejar que se consuma el caldo y adquirirá la consistencia de una mermelada espesa.

TOMATE CONFITADO

Ingredientes:

1 kilo y medio de tomates, maduros	**1 pellizco de canela**
1 kilo y medio de azúcar	**3 clavos**

Elaboración:

Escaldar, en agua hirviendo, los tomates y pelarlos.

En una cacerola, disponer los tomates picados y el azúcar, siguiendo la proporción de 1/1 (la misma cantidad de tomate que de azúcar). A fuego lento los iremos removiendo sin cesar, con espátula de madera o cuchara también de madera, con el fin de que no se pegue la mezcla. Agregar los clavos y la canela.

La cocción acaba cuando el tomate adquiere un color oscuro y brillante, presentando su punto de consistencia, en unos sesenta minutos, aproximadamente.

CALABAZA ASADA

Receta de Pepe Tadeo. El Cabanyal, Valencia.

Elaboración:

Partir la calabaza por la mitad. Quitarle las semillas y las hebras. Ponerle azúcar, a gusto, por encima.

Introducir al horno caliente, sobre ciento ochenta grados y dejar que cueza durante bastante tiempo, unas dos horas aproximadamente. La piel debe quedar bien tostada.

El azúcar puede sustituirse por miel.

SAVOLLANO

Ingredientes:

125 gramos de azúcar	**1 naranja, su ralladura**
125 gramos de harina	**1 limón, su ralladura**
3 huevos	**1 vaina de perfume de vainilla**

Elaboración:

En un cazo se coloca el azúcar, los huevos y el perfume de vainilla. Se acercan al fuego, para que se templen y se baten hasta conseguir una pasta espesa y esponjosa. Se agrega la harina, la ralladura de limón y la de naranja, removiéndose la mezcla, concienzudamente.

En un molde untado de mantequilla y espolvoreado de harina se incorpora la pasta, poniéndose en el horno, previamente caliente, a temperatura moderada y de veinte a veinticinco minutos. Una vez cocido, se saca y se desmolda.

SUSPIROS CON ALMENDRAS

Ingredientes:

400 gramos de azúcar	**La piel de un limón rallado**
350 gramos de almendras tostadas y cortadas en trocitos	**250 gramos de agua**

Elaboración:

En un cazo limpio, al fuego, se ponen el azúcar y el agua. Se dejan cocer, removiendo de vez en cuando, hasta conseguir el punto llamado de hebra. Se retira del fuego y se incorpora dentro de un cazo en el que están ya las claras montadas a punto de merengue.

Cuando todo esté bien mezclado, se le agregan las almendras y la ralladura de limón. En una placa de pastelería, previamente engrasada con mantequilla, con una cuchara sopera se van haciendo montículos de pasta y se cuecen al horno, que deberá estar a 180 grados.

FLAN DE MANZANA CON HIGOS

Ingredientes:

6 huevos
Bollería desmigada (bollos de leche, ensaimadas, etc)
Un vaso de vino blanco
Un vaso de vino dulce
1 litro de leche
150 gramos de azúcar
100 gramos de higos secos
2 manzanas finas
1 nuez de mantequilla
1 limón, su ralladura

Elaboración:

Empezaremos confitando los higos y las manzanas. En el caso de los higos, ponerlos en un cazo al fuego con cincuenta gramos de azúcar y suficiente vino blanco como para cubrirlos. Cocer hasta que estén tiernos;, después se pican. Para confitar las manzanas se cortan en trozos y también se ponen en un cazo al fuego con una nuez de mantequilla y el vino dulce. Las manzanas no cocerlas demasiado, hay que dejarlas enteras.

En un perol batimos los huevos y seguidamente les agregamos los higos confitados, picados y escurrido. Se les incorpora la leche caliente con la ralladura de limón y el azúcar.

En un molde colocamos una capa de manzana confitada y encima un poco de bollería desmigada. Le agregamos parte de la leche con los higos confitados. Seguiremos colocando capas de ingredientes, en el mismo orden, hasta que se nos hayan terminado.

Cuando el molde esté acabado, lo cocemos al baño de maría hasta que esté cuajado. Se deja enfriar en el frigorífico hasta el momento de servir.

"FIGUES ALBARDADES"

Típicos de Castellón.

Ingredientes:

600 gramos de higos
200 gramos de harina
30 gramos de levadura
Aceite de oliva
Agua

Elaboración:

Hacer una pasta con la harina, la levadura y el agua que admita y la reservamos

Cortar la corona y el pezón del higo seco y abrirlo. Rebozar con la pasta anteriormente obtenida. Freír en abundante aceite muy caliente. Una vez fritos, se pueden pasar por azúcar y canela.

Otra forma de hacerlos es pasar los higos por harina y huevo batido y freírlos en abundante aceite.

El higo saca al freírlos tanto dulzor que no hace falta pasarlos por azúcar.

ROLLOS DE SAN BLAS

Receta típica y popular de Tàrbena.

Ingredientes:

500 gramos de aceite de oliva
750 gramos de azúcar
6 huevos
6 sobres de gaseosa (aditivo especial para dulces)
La raspadura de un limón
Canela
Harina (la que admita)

Elaboración:

En un lebrillo pondremos la harina, los sobres de gaseosa, el aceite, los huevos, el limón rallado, el azúcar y la canela. Todo junto lo amasaremos muy bien.

Obtenida la pasta, con unas tijeras se corta para hacer los rollos y se ponen al horno, a una temperatura de doscientos grados, hasta que estén cocidos.

CORONA DE GLORIA

Receta de Tano, Gandía.

Ingredientes:

Para la crema de almendra:
1 litro y medio de agua
1 kilo de azúcar
15 yemas de huevo
325 gramos de almendras, tiernas
3 limones rallados
22 gramos de azúcar, quemado
125 gramos de almidón

Para el bizcocho:
8 huevos
750 gramos azúcar
750 gramos harina fina
Esencia de limón

Para el merengue:
Medio litro de claras de huevo
1 kilo de azúcar

Elaboración:

CREMA DE ALMENDRAS:

Se cuecen en el agua, el azúcar y el limón. Se añaden las almendras tiernas y se cuece, de nuevo, la mezcla y se incorpora el azúcar quemado.

BIZCOCHO:

Se separan las claras de los huevos. Se baten, las claras, junto con el azúcar hasta alcanzar el punto de nieve, firme. Se continúan batiendo las claras y el azúcar y, ahora, se añaden las yemas y la harina. Se unta un molde de corona de gloria con mantequilla y se pone, en el molde, la pasta obtenida. Se hornea a 225 grados durante 20 minutos. El bizcocho se puede bañar con una copita de ron.

MERENGUE:

Se baten las claras a punto de nieve. Se calienta el azúcar con un poco de agua hasta alcanzar un punto de bola. Se añade, poco a poco, el azúcar a las claras. Al enfriase esta combinación, con una manga pastelera y una boquilla risada se decora, la corona de gloria, a gusto.

MAGDALENAS

Receta del pueblo de Chiva.

Ingredientes:

460 gramos de azúcar
460 gramos de harina
6 huevos
Medio litro de aceite de oliva
2 sobres de gaseosa (aditivo especial para dulces)
La raspadura de un limón

Elaboración:

Se separa las yemas de las claras y estas se baten a punto de nieve y se incorpora el azúcar, mezclándolo bien. Logrado esto, se añaden, sucesivamente, las yemas y el aceite, mezclándolo todo muy bien. Se deja reposar unos cuarenta minutos, aproximadamente

A continuación se van llenando con la masa, hasta la mitad, las cápsulas de papel. Seguidamente se ponen en el horno, a una temperatura de 180 grados y durante 18 minutos, aproximadamente, habiéndolas espolvoreado, previamente, con un poco de azúcar molida.

PAN DE CALATRAVA

Plato típico de Orxeta, Alicante.

Ingredientes para 6 personas:

1 litro de leche
150 gramos de bizcocho
50 gramos de almendras ralladas
300 gramos de azúcar
1 copita de brandy
6 huevos
1 corteza de limón
1 ramita de canela, en rama

Elaboración:

Se pone al fuego unos ciento cincuenta gramos de azúcar con un poquito de agua hasta obtener un caramelo y se rocía con él el fondo del molde que se va utilizar.

En otro recipiente se pone a hervir la leche con el resto de azúcar, la corteza de limón y la canela. Se baten los huevos y, sin dejar de remover, se incorporan a la leche. Finalmente se cuela esta mezcla y se reserva. Sobre de la capa de caramelo y, como lecho, se coloca el bizcocho en el molde. Se baña con el brandy, se espolvorea con las almendras ralladas y se cubre con la mezcla de leche y huevo preparada de antemano. Se tapa el molde con papel de aluminio y se introduce, al baño maría, en el horno a fuego moderado, durante unos 20 minutos, aproximadamente.

BRAZO GITANO DE BONIATO

Receta típica de la Marina Baixa.

Ingredientes:

Para el bizcocho:
150 gramos de azúcar
150 gramos de almidón de pasta (flor de harina)
5 huevos

Para el relleno:
300 gramos de pasta de boniato
200 gramos de azúcar
La ralladura de un limón
Un pellizco de canela

Elaboración:

RELLENO:

Hervir el boniato y pelarlo. Comprobar que pese, una vez cocido, sobre trescientos gramos. Añadir el azúcar, la raspadura de medio limón y una pizca de canela. Trabajar con las manos hasta lograr un preparado consistente.

BIZCOCHO:

Batir las claras de los cinco huevos a punto de nieve. Incorporar el azúcar, agregar las yemas y por último el almidón. Extender la masa sobre un papel aceitado y colocarlo en una bandeja. Hornear a temperatura fuerte unos ocho minutos, aproximadamente. Sacar del horno y depositar la masa sobre una servilleta espolvoreada con azúcar. Colocar encima el relleno de boniato. Enroscar hasta forma el brazo de gitano. La operación de rellenar y enroscar debe realizarse antes de que se enfríe la masa, de lo contrario, será más difícil trabajarla y posiblemente se rompa.

MANTECADOS

Ingredientes:

200 gramos de azúcar	**4 gramos de levadura**
200 gramos de harina	**5 gramos de canela, molida**
150 gramos de mantequilla	**La ralladura de un limón**
5 huevos	

Elaboración:

En un recipiente profundo se ponen los huevos, el azúcar, la canela y la ralladura de limón y se baten. Una vez montado se le añaden la harina y la mantequilla liquida y templada. Se distribuye, la pasta obtenida, en cápsulas de papel que se llenan hasta la mitad, se espolvorean con azúcar, se salpican levemente con agua fría y se pasan al horno durante unos doce minutos, aproximadamente.

TURRÓN DE YEMA

Ingredientes:

500 gramos de almendra	**4 yemas de huevo**
500 gramos de azúcar	**1 limón**

Elaboración:

Se escaldan las almendras, se mondan y se colocan en sitio aireado por espacio de cuatro días. Pasado este tiempo se muelen hasta conseguir una harina fina.

El azúcar, se pone al fuego con un poco de agua hasta obtener un almíbar a punto de hebra. A continuación se incorporan las almendras molidas y esta mezcla se pone a cocer, a fuego moderado. Seguidamente se agregan las yemas una por una y se sigue removiendo, constantemente, con una espátula de madera. Cuando la pasta se pegue a nuestros los dedos se considerará que está en su punto. Se saca del cazo y se coloca en moldes.

Nota: las almendras se pueden comprar ya peladas.

TURRÓN DE ALICANTE

Ingredientes:

100 gramos de azúcar, en terrones	**5 claras de huevo**
200 gramos de azúcar	**El zumo de un de limón**
200 gramos de miel de romero	**10 gramos de canela molida**
400 gramos de almendras, secas	**Obleas**

Elaboración:

Se pelan las almendras y se parten en trozos gruesos. En una cazuela se pone la miel, el azúcar, un poco de zumo de limón y un poco de canela, la ponemos al fuego y mezclamos todo su contenido perfectamente.

Se pone un cazo al fuego con 125 gramos de agua y los 200 gramos de azúcar, se cuecen hasta que reduzca y el almíbar coja consistencia.

Aparte, se baten, las cinco claras de huevo a punto de nieve y se incorporan al almíbar. Iremos removiendo, a fuego moderado, hasta que la mezcla adquiera un aspecto acaramelado. En ese momento se añaden las almendras y los terrones de azúcar. Continuaremos removiendo, de forma constante, sobre el fuego hasta que la composición alcance el punto de caramelo.

Se aparta la cazuela del fuego y se pone, su contenido, en moldes rectangulares, tapizados con hojitas de oblea. La pasta, también puede extenderse sobre el mármol de la cocina, previamente untado con aceite de almendras. Se iguala con un rodillo y se corta en trozos regulares antes de que se enfríe.

MAZAPÁN

Receta de Miguel García, de Valencia.

Ingredientes para 750 gramos:

350 gramos de almendras molidas
350 gramos de azúcar glas, tamizado
El zumo de medio limón
2 claras de huevo, ligeramente batidas

Elaboración:

Mezclaremos las almendras molidas y el azúcar glas en un cuenco. Haremos un hueco en el centro y agregaremos el zumo del limón y parte de las claras de huevo. Todo lo amasaremos con la manos hasta que la pasta empiece a separase de las paredes del cuenco. A continuación incorporaremos las restantes claras de huevo y obtendremos una pasta compacta que colocaremos sobre el mármol de la cocina, ligeramente espolvoreado con azúcar glas. Y continuáremos amasando hasta darle una consistencia homogénea, no excederse en el amasado ya que podría tornarse oleosa. Conseguido el punto ideal de la masa, obtendremos un delicioso dulce.

Este libro se terminó de maquetar en el estudio de Designkeys.com
el día 8 de octubre de 2010.
Un día después, pero en el año 1238,
Jaime I hacía su entrada triunfal en la Ciudad de Valencia.